MAKE 시리즈 2

The Invent to Learn Guide to
3D Printing in the Classroom Recipes for Success

3D프린팅 교육의
성공방정식

David Thornburg · Norma Thornburg · Sara Armstrong 공저
한양대학교 기술경영전문대학원 3D프린팅 연구회 역

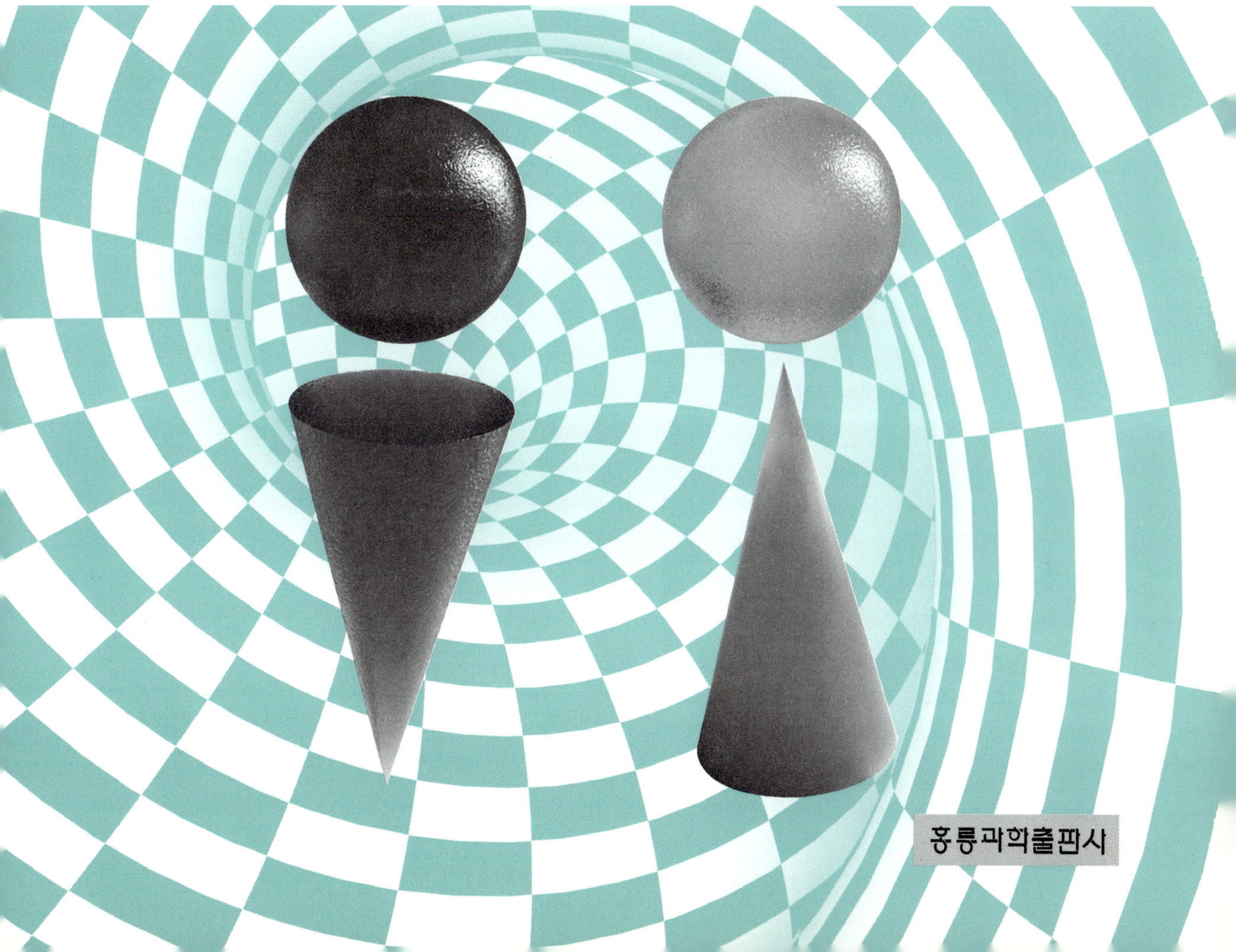

홍릉과학출판사

이제 우리 모두 디자이너이다. 우리는 또한 잘할 수 있다.

크리스 앤더슨 ‘메이커스–새로운 수요를 만드는 사람들’
(‘Makers : The New Industrial Revolution’ 의 저자)

역자서문

3D 프린팅은 연속적인 계층의 물질을 뿌리면서 3차원 물체를 만들어 내는 새로운 형태의 제조 기술로 1984년에 개발되었습니다. 밀링 또는 절삭이 아닌, 기존 잉크젯 프린터와 유사한 3차원 프린터는 주로 적층 방식으로 입체물로 제작하며, 컴퓨터로 제어되기 때문에 만들 수 있는 형태가 다양하고 다른 제조 기술보다 사용하기 쉽습니다. 단점으로는 현재 기술로는 제작 속도가 매우 느리고, 적층 구조로 인해 표면이 매끄럽지 못한 부분 등이 문제로 제기되고 있습니다. 이러한 한계에도 불구하고 앞으로 다양한 산업기술들과 접목하여 新제조공법으로 활용될 수 있어, 산업 전반에 걸쳐 제조 기술의 큰 변화를 불러올 것으로 예상합니다.

그러나 신기술이 항상 사용자들에게 광범위하게 수용되는 것은 아닙니다. 소비자의 트렌드와 기업의 시장 영향력 등을 잘 고려하지 않으면, Beta 방식 비디오플레이어 사례에서 보듯이 사용자와 시장 기업들이 외면하는 혁신기술에 머무는 경우가 많습니다. 3D 프린팅 기술 또한 사용자와 시장 기업들에 새로운 구매의 意味를 던져 주지 못한다면, 과거와 같은 死藏기술이 될 것으로 우려됩니다.

미국 등 선진국뿐만 아니라, 우리나라도 IT (Information Technology: 정보기술) 활용을 창의성 교육의 핵심 전략으로 설정하고 있습니다. IT기기를 직접 제어해본 학생들과 단순히 IT기기만을 사용한 학생들의 창의성에 있어서 현격한 차이가 있다는 것은 교육공학적 연구결과 자들의 공통된 의견입니다. 즉, 자신의 아이디어를 직접 표현할 수 있는 능력을 교육해야 하는 것이 창의력 교육의 핵심이며, 이러한 창의교육과정을 개발하는 데 있어서 3D 프린팅 기술은 그 효용성을 담보할 수 있을 것입니다.

문제는 3D 프린팅 기술을 어떻게 사용하여, 우리나라 초 · 중 · 고등학교 학생들을 위한 창의성 융합교육과정, 그리고 지도교사가 이러한 교육과정을 쉽게 구성할 수 있고 지도할 수 있는 학습플랫폼 등으로 변환할 수 있느냐는 것입니다. 역자들은 지난 10여 년간 디자인, 혁신기술, 신제품 개발, 교육공학 등에 다양한 경험을 가진 한양대학교 기술경영전문대학원 교수진들로 구성되었으며, 2014년에 이러한 문제들에 대한 체계적인 접근을 해보자는 취지로 '3D 프린팅연구회' 를 결성하고, 그 첫 번째 프로젝트로서 이 책의 번역을 공동으로 시도하였습니다. 특히 역자 중의 한 명인 김지은 교수는 국가연구과제인 3D 프린팅 + STEAM (Science, Technology, Engineering, Art, Math) 교육 플랫폼 개발과도 밀접히 연계되어, 책의 내용을 직접 프린팅해보면서 주어진 과제 하나하나를 수행해본 역자들의 경험이 곳곳에 녹여져 있습니다.

3D 프린팅을 해본다는 것은 아주 쉽습니다. 그러나 3D 프린팅을 내가 제어할 수 있다는 것은 어려운 일일 것입니다. 게다가 3D 프린팅을 이용해서 창의성 교육을 시킨다는 것은 어쩌면 더더욱 어려운 일일 수도 있습니다. 역자들은 단계별로 해당 과제를 하나하나씩 따라가면서 이 역서가 그들에게 도움이 되도록 많은 노력을 기울였으나, 번역상의 여러 오류는 오롯이 역자들의 무지와 이해 부족으로 돌리고 싶습니다.

본 책의 번역에 도움을 주신 모든 관계자분들 (홍릉과학출판사, 한양대학교 기술경영전문대학원)에게 깊은 감사를 드리며, 이 번역서가 국내 창의력교육의 조그마한 보탬이 되고, 자라나는 후세들이 향후 3D 프린팅을 즐겁게 그리고 3D 프린팅을 통해서 자기 생각을 표현할 수 있는 능력을 길렀으면 하는 마음입니다.

3D프린팅연구회 역자들

2015.3월 행당동 산꼭대기 융합교육관에서

머리말

3D 프린팅에 대한 관심이 매우 뜨겁습니다. 이러한 열기 속에 많은 학교들이 이미 3D 프린터를 구매하기 시작했는데, 그동안 대부분의 경우 학교가 새로운 기술을 늦게 받아들여 왔던 것을 생각해보면, 지금 많은 학교에서 보여주고 있는 이러한 높은 관심은 깜짝 놀랄만한 일입니다.

학교에서 3D 프린터에 투자하는 것은 바로 교육의 미래를 위한 첫걸음으로 생각해야 합니다. 미래의 교육에서는 학생들의 학습에 있어서 머리, 마음, 그리고 손을 모두 활용해야 할 것이기 때문입니다. 무언가를 만드는 일은 학습에 있어서 아주 중요한 과정이기도 하고, 자기가 필요한 것을 직접 만들어 낼 수 있는 능력은 21세기를 살아가기 위해 꼭 필요한 기술이 될 것입니다. 학교의 교육과정이나 교사들이 전혀 생각하지 못했던 문제들을 스스로 풀어나갈 수 있다는 자신감과 그러한 역량을 기를 수 있는 교육이야말로 미래를 살아갈 학생들에게는 가장 값진 자산이 될 것입니다. 하지만, 이러한 교육을 담당하는 교사들은 생각만큼 쉽지 않은 장벽을 넘어야 합니다. 예를 들어, 중학교 1학년생 누구라도 쉽게 요다[1]캐릭터가 달린 열쇠고리를 정교하게 똑같이 만들어 낼 수 있는 우수한 3D 프린터를 구비했다고 생각해 봅시다. 이러한 장치와 시스템을 가지고 무얼 해야 좋을지를 생각해 내야 하는 교사들의 고민은 이제부터 시작됩니다. 이 책은 바로 그러한 고민을 안고 있는 교사들에게 3D 디자인을 교육하고 기존 교과목을 더욱 알차게 만들 수 있도록 제공되는 18개의 예제들을 통해 해결책을 제시하기 위해 만들어졌습니다.

1) 스타워즈 영화의 주요 캐릭터

3D 프린팅을 일단 한번 시도해 보고 나면 3D 프린터 구조가 얼마나 단순한지 알게 될 것입니다. 하지만 우리가 혁명이라 부르는 부분은 어쩌면 3D 프린터 자체가 아니라 그 누구라도 디자인을 할 수 있고 Z축 하나가 더해진 기기를 이용하면 우리가 상상한 디자인을 실물 세계로 불러낼 수 있다는 점이 아닐까 합니다. 수십 년 동안 CAD/CAM (컴퓨터 이용 설계 및 제조) 소프트웨어는 많은 학생들이 사용하기에는 비싸고도 복잡하여 제도 교육용이나 직업 교육용 정도로만 취급되어 왔습니다만, 이제 Tinkercad 같이 쉬우면서도 저렴하거나 무료인 소프트웨어들이 많이 생겨 누구나 장난하듯 손쉽게 디자인을 실습해 볼 수 있습니다. 이렇게 새 시대를 열고 있는 소프트웨어들이 사용하기 쉽다고 해서 앞으로의 디자인 과정이 정교하지 않아도 된다는 것은 아닙니다. 앞으로도 언제나 디자인에 대해 수학적 사고력과 예술적 감수성, 그리고 공학적 프로세스가 강조될 것입니다.

우리가 학교에서 x축과 y축의 개념을 배웠지만 어떤 사람은 이러한 2차원 좌표계를 거의 쓰지 않고도 불편 없이 살고 있습니다. 대학입시에서 원기둥의 부피를 묻는 문제를 풀 때를 빼고 지금까지 우리는 2차원 세계에서 살고 있었다고 해도 과언이 아닙니다. 하지만, 3D 프린팅과 디자인 소프트웨어들 덕분에 이제 우리들 앞에 나머지 z축으로의 길이 열렸고 진정한 의미에서 3차원 공간을 이해할 수 있게 되었습니다. 이 책을 통해 기존의 2차원적 디자인이 아닌 3차원 조형물을 다루기 위해서는 교육 방법부터 전환 과정이 필요하다는 것을 보여주고 싶었습니다. 교육 담론을 통해 흔히들 끊임없이 진보하는 기술에 대해 토론하곤 합니다. 그러면, 교육자들은 정말로 그런 말을 할 자격이 있었을까요. 학교라는 곳에서는 20년이 넘도록 발표자나 청중이나 똑같이 아무 관심도 없는 주제를 가지고 파워포인트 발표 자료 만드는 법이나 가르쳐 왔으면서 과연 무슨 기술이 어떻게 진보했다는 것일까요. 물론 기술의 혁명이 교육 활동에까지 큰 파장을 남긴 경우들이 드물게나마 있습니다. 대부분 메이커 운동 (Maker movement)[2]과 관계가 깊은데, 이 책에서 다루는 3D 프린터와 레이저절삭기, 그리고 아두이노(Arduino)와 같이 우리들의 일상용품에 전기회로를 넣을 수 있도록 해주는 오픈소스 마이크로컨트롤러와 같은 사례들이 바로 그런 것들입니다.

아직은 3D 디자인을 저렴하고 쉽게 할 수 있는 방법들이 초기 단계이기 때문에 이 책에서는 다양한 3D 소프트웨어 환경을 소개하고자 했습니다. 물론 이 책에서 제공하는 내용들 중에는 사용할 3D 프린터의 상황에 따라 적절하게 맞춰주어야 하는 부분도 있습니다. 이런 과정을 통해 경험을 쌓으면서 자기 자신이나 학생들을 위해 가장 적합한 소프트웨어는 어떤 것인지 찾아가게 될 것입니다. 한 가지 짚고 넘어가야 할 점이 있는데, 기기나 소프트웨어나 모두 어떻게 될지 모른다는 것입니다. 취향에 가장 잘 맞는 프로그램 혹은 프린터를 제공하던 회사가 학기 중에 갑자기 사라질 수도 있습니다. 이 책을 읽으시는 여러분들은 개척자 정신을 가지고 그때그때 주어지는 상황에 맞추어 가장 최선의 선택을 하며 유연하게 대처해야 합니다. 적당하다고 판단되는 소프트웨어가 있으면 바로 사용하십시오. 모든 소프트웨어를 다 섭렵해야만 할 필요도 없고 그렇게 한다고 학생들에게 더 값진 교육이 되는 것도 아닙니다. 중요한 것은 어떤 도구를 왜 쓰기로 했는지 제대로 알고 사용해야 한다는 점입니다.

1985년에 교육용 컴퓨팅 학회에 처음 참석했을 때 우연히 Ada Lovelace의 업적에 대해 토론하고 있던 사람들을 만나게 되었던 때가 생각납니다. 그 토론자는 Brian Silverman과 David Thornburg였는데, 이 두 사람은 지난 40년간 누구보다도 어린이를 위한 컴퓨팅 기술 확산을 위해 노력해왔던 분들입니다. 그날 그들의 대화를 홀린 듯 엿들으며 나도 Ada를 지

2) 필요한 것을 스스로 만들 수 있어야 하고 서로 간에 그 제작법을 공유하고 발전시켜야 한다는 취지의 운동

지하는 사람들과 함께 그 신념에 동참하여 남은 인생을 보내겠다고 결심하였습니다. 사실 David을 만나기 전에 이미 그가 발표한 다수의 논문들과 LOGO 프로그램[3] 관련 저서를 읽은 적이 있었고, 그가 디자인한 코알라 패드를 사용하여 강의를 하고 있었습니다. 그는 이미 인정받는 수학자이자 컴퓨터 과학자였고 제록스의 PARC 연구소와 스텐포드 대학과도 일한 적이 있는 공학자이면서 디자이너이기도 했습니다. 그날 처음 만난 이후로 그는 줄곧 나의 친구이자 동료이고 또한 믿을 수 있는 조언자가 되어 주었습니다. David은 유망 트렌드를 예측하고 곧 다가올 미래에 대해 교육자들을 열광시킬 수 있는 뛰어난 능력을 가졌습니다. 그는 수많은 강연과 저서들을 통해 두 세대에 걸쳐 교육자들이 신기술을 재미있고도 심도 있고 창조적인 방법으로 활용할 수 있도록 이끌어 왔습니다. 수학, 컴퓨터, 공학, 교육, 디자인, 음악과 유머 등 다방면의 재능을 두루 갖추고 끊임없이 탐구하는 David과 3D 프린팅의 만남은 정말 운명적이었던 것 같습니다. 또한 같이 참여한 나의 오랜 친구 Norma Thornburg와 Sara Armstrong이 교육 부분을 도와주어 이 책이 빛을 볼 수 있게 되었습니다.

교육의 현장에서 3D 프린팅 혁명의 불을 밝히기 위해 David과 Norma 그리고 Sara가 함께 만든 이 책은 반드시 출판되어야 한다고 생각했습니다. 이 책이 여러분과 학생들이 함께 만들어가고 있는 미래 개척지의 초석이 되길 바랍니다.

Gary Stager 박사

Constructing Modern Knowledge Press 출판사

3) 대화식 프로그램 언어중 하나로, 어린이 교육용 컴퓨터 언어로 설계되어 기호 처리나 그림 형태의 자료를 쉽게 표현할 수 있도록 고안되었음

감사의 글

많은 분들의 도움으로 더 좋은 책을 만들 수 있었습니다. John Westrum, Gary Carnow, Glenn Bull, Sylvia Martinez, Gary Stager, Jenny Wojcik을 비롯하여, 특히 이 책에 있는 예제들을 직접 수행해보며 조언을 아끼지 않았던 많은 현직 선생님들께 감사드립니다.

이 책에 관하여

이 책의 내용들은 3D 프린터, 소프트웨어 및 교육 방법에 대해 우리가 알고 있는 가장 최신지식을 바탕으로 구성되었습니다. 하지만, 이 분야는 아주 빠르게 변하고 있기 때문에, 시간이 지남에 따라 좀 더 진보된 기술이 반영된 신제품들이 속속 등장할 것이며, 이 책에 나와 있는 많은 인터넷 URL 주소도 바뀔 수 있습니다.

링크

이 책에서 제공되는 인터넷 링크들은 구글의 링크 축소 서비스를 사용하여 짧게 만들어진 것입니다. 이 주소를 입력하면 자동으로 실제 URL 주소로 연결되어 사용할 수 있습니다. 또한 여러분이 좀 더 편리하게 이 책을 활용하실 수 있도록 모든 링크들과 참고 문헌 및 자료들을 InventToLearn3D.com 사이트의 자료실에서도 확인할 수 있도록 하였습니다.

목차

Part 4. 나만의 예제 시작하기

Part 1

시작하기

Step

1 서문

지금까지 우리는 개인용 PC를 이용해서 텍스트, 애니메이션, 그래픽 혹은 웹 사이트 등과 같이 인쇄하거나 스크린을 통해서만 표현할 수 있었습니다. 또한 기업들은 실물 제품을 '프린트'할 수는 있었지만 산업용 프린터의 높은 가격과 운영 소프트웨어의 복잡하고 어려운 사용법 등 여러 가지 문제점을 안고 있었습니다. 하지만 이제는 3D 프린터가 아주 저렴하고 가벼우며 편하게 사용할 수 있도록 개발되고 있습니다. 여기에 맞춰 누구라도 쉽게 3차원 물체를 디자인할 수 있도록 해주는 소프트웨어들이 속속 등장하고 있습니다. 그리고 자기가 만든 3차원 모델의 파일을 전용 프린터에 전송시켜서 용도에 맞는 재질로 만들어낼 수 있습니다. 지금까지는 플라스틱이나 금속, 세라믹 등과 같은 재질이 주로 쓰였지만 이 분야 기술의 눈부신 발전으로 이제는 시멘트에서 생체조직에 이르기까지 다양한 재료들을 사용할 수 있습니다. 지금까지 개발된 대표적인 응용분야들을 다음과 같이 간단히 소개할 수 있지만, 지금 이 순간에도 우리 상상 속에서나 가능했던 또 다른 미래 기술들이 계속 만들어지고 있습니다.

신속조형서비스

산업용 3D 프린터를 구매하려면 아직 많은 비용이 필요합니다. 물론 규모를 갖춘 기업들이 주로 이와 같은 프린터를 구매하겠지만, 또 다른 활용 방법으로는 디자인 파일을 전송받아 제품이나 부품을 만들어주는 서비스를 생각할 수 있습니다. 최근 세계 최대의 운송회사인 UPS는 고품질의 플라스틱 시제품을 즉석에서 제작해 주는 서비스를 시작하였습니다. 또 Shapeways(www.shapeways.com) 사는 비전문가에게는 물론 전문가들에게도 필요한 다양한 3D 프린팅 서비스를 제공하고 있는데, 특히 플라스틱 이외의 재질도 사용할 수 있으며 자신이 만든 완성품을 판매할 수 있는 공간도 제공하고 있습니다.

맞춤형 제작

벳쉐바 그로스만(www.bathsheba.com)은 수학과 미술을 전공한 예술가로서, 복잡한 수학 모델을 이용한 세공 작품이나 구조물들을 다양한 재질로 만들기 위해 3D 프린터를 이용하는데, 예술 활동 이외에도 주문을 받아 전 세계에서 다양한 곳에 전시되는 작품들을 만들어내기도 합니다. 이밖에 여러분 자신도 가정에서 부서진 장식장 손잡이를 직접 만들어서 수리할 수도 있고, 이러한 작업들이 3D 프린터를 이용한 맞춤형 제작이라고 볼 수 있습니다.

주거공간제작

서던캘리포니아 대학에서 개발한 컨투어 크래프팅(Contour Crafting) 기술을 사용하면, 시멘트 프린팅이 가능한 3D 프린터로 1,860 평방미터(약 500평) 규모의 집을 단 하루 만에 지을 수 있습니다. 3D 프린팅의 주택 제작 방식에서는 배관작업과 전기공사를 위한 구멍이나 공간도 동시에 만들 수 있습니다. 캐터필러(Caterpillar) 회사 역시 이러한 최신 기술에 높은 관심을 보이고 있습니다.

의료분야

3D 프린팅 기술은 맞춤형 제작이 필요한 의족, 의수 등의 분야에 가장 잘 어울린다고 할 수 있습니다. 선천적으로 왼손의 손가락이 없이 태어난 레옹 매카티의 아버지 폴 매카티는 의료기기 회사에서 제작해 주는 값비싼 의수를 구입하기 힘든 상황에서, 레옹의 학교에 있는 3D 프린터를 빌려 아들의 의수를 인쇄할 수 있었습니다. 결과는 성공적이었고, 사용하던 의수가 부러지더라도 쉽게 새로이 인쇄할 수 있게 되었습니다(goo.gl/Lfu4eC).

하지만, 3D 프린팅 기술을 이용한 의수, 의족의 제작은 이제 시작에 불과합니다. 안토니 아탈라 박사는 3D 프린팅으로 환자 본인의 세포로 만들어진 인공신장을 만들어 내는 연구를 진행하고 있습니다. 아탈라 박사는 TED 강연(goo.gl/U24DJ) 통해서 이렇게 만들어진 인공신장은 본인의 세포를 사용하기 때문에 신체의 거부반응이 없지만, 아직 이 기술이 승인되지 않았다고 발표하였습니다. 하지만 언젠가는 이 기술을 통해 많은 신장병 환자들을 도울 수 있을 것이라고 밝혔습니다.

심장병 환자들에게 희소식으로, 일리노이대학의 존 로저스는 3D 프린팅을 이용하여 토

끼의 심장을 해부학적으로 완벽하게 복제하는 데에 성공하였습니다. 그는 이렇게 3D 프린팅으로 심장의 틀을 제작한 후, 그 크기에 맞도록 제작된 얇은 실리콘 막에 미세 장치들을 삽입하였습니다. 이런 방법으로 심장 크기에 잘 맞으면서도 심장의 운동에 지장을 주지 않는 유연한 실리콘 시스(Seath)에 센서들을 넣을 수 있었습니다. 사람에게 바로 적용될 수 있으려면 아직 몇 년이 더 필요하겠지만, 앞으로 주목할 만한 연구입니다.

항공우주

2013년 미국 캘리포니아 샌디에고 대학에서는 우주탐험 및 개발에 대한 연구를 진행하는 학생 조직인 SEDS(Students for the Exploration and Development of Space)가 8개월간의 작업 끝에 3D 프린터로 만든 금속로켓엔진인 Tri-D의 제작에 성공하여 성능시험을 진행하였습니다.

많은 민영 단체들과 나사(NASA)에서는 이러한 적층제조(Additive Manufacturing) 기술에 높은 관심을 보이고 있습니다. Tri-D 엔진은 직접금속레이저소결법(DMLS)으로 코발트-크롬합금 적층하여 만들어졌습니다. 이런 방법으로 전통적인 로켓 엔진제작에 비해 제작 시간과 비용을 현저히 줄이면서도, 다양한 형태의 디자인을 신속하게 제작하고 성능시험을 할 수 있었습니다.

우주공간에서의 부품조달

국제우주정거장(ISS)과 같은 우주공간에서 어떤 부품들이 여분으로 필요할까요? 정답은 '미리 알 수는 없다' 입니다. 그래서 지금까지는 우주 공간에서 발생할 수 있는 만일의 사태에 대비하여 지구에서부터 여분 부품을 미리 준비해 가야 했고 따라서 공간과 비용부담이 매우 클 수 밖에 없었습니다. 하지만 만약 ISS에 3D 프린터가 있다면 어떨까요? 물론 저중력 상태에서도 작동 가능한 장치가 필요하겠지요. 실리콘 밸리 벤처기업인 '메이드인스페이스(www.madeinspace.us)는 ISS에서 작동되는 3D 프린터를 개발하여 2014년 9월에 성공적으로 ISS에 설치하였습니다. 이제 지구 밖에서도 3D 프린팅을 하는 시대가 열렸습니다.

앞에서 소개한 분야들 이외에도 아주 많은 사례들이 3ders의 웹사이트(www.3ders.org)에 소개되어 있습니다. 이제까지 많은 좋은 사례들을 살펴보며 '교육에는 그럼 어떻게 활용할까? 하는 궁금증에 대한 대답들을 다음 장에서 찾아보겠습니다.

Step

2 이 책의 목표

3D 프린터는 교실에서 충분히 활용할 수 있는 강력한 교육 도구입니다. 3D 프린터의 가격은 매년 낮아지고 있으며, 이미 많은 학교들은 3D 프린팅을 과학과 공학 교육에 어떻게 활용할 것인지를 고민하고 있습니다. 학생들이 다양한 프로그램을 이용하여 만든 3D 디자인을 STL (Stereolithography) 파일로 변환하여 3D 프린터로 출력할 수는 있습니다. 하지만 3D 프린터로 단지 물건을 인쇄해서 찍어내는 용도로만 생각한다면 진보된 교육이라 평가하기는 어려울 것입니다. 3D 프린터를 교육적으로 활용함에 있어서 가장 중요한 가치는 학생들이 디자인 프로세스에 직접 참여하고, 자신들이 만든 물건들로 이것저것 다양하게 실험해 보는 과정에 있습니다. 이러한 관점에서 본다면 3D 프린터 장치를 다양한 영역에서 어떻게 활용될 수 있을지 쉽게 생각할 수 있습니다. 특히, 과학-기술-공학-수학(STEM)의 융합 교육은 물론 예술, 인문학, 언어학, 사회학 영역에까지 폭넓게 활용될 수 있습니다.

이 책은 다양한 교과 영역과 학년 수준을 넘나들며 교육할 수 있는 예제들로 구성되어 있습니다. 예를 들어 칠교놀이 세트의 경우 수학적 이해를 바탕으로 구성되어 3D 프린팅으로 직접 제작하기 이전부터 많은 생각과 이해를 유도할 수 있고 프로펠러 자동차 세작에는 많은 설계 변수들과 자동차 성능과의 관계를 포함하고 있어, 물리학을 기반으로 한 자동차 디자인 실험을 통한 학습을 진행할 수 있습니다. 각 예제와 교육과정과의 연계는 미국의 차세대 과학교육표준(Next Generation Science Standards, NGSS)을 기본으로 하였으며, 몇몇 예제는 미국의 핵심 수학공통교육표준(Common Core State Standards for mathematics(CCSS)과 연계되어 있습니다. 차세대 과학교육표준의 핵심 개념은 교육내용을 외우는 것이 아닌 이해하는 것에 있으며, 직접 만질 수 있는 물체를 디자인하고 제작하여 이를 다루는 과정을 통해 기존 교과서나 강의 위주의 교실에서 경험하지 못했던 체화된 학습을 가능하게 할 것입니다.

이 책에서 다루고 있는 프로젝트들을 물론 SketchUp과 같은 강력한 3D 디자인 프로그램을 이용해서 진행할 수도 있습니다만, 이 책에서는 Inkscape 프로그램과 같은 2D 디자인 도구를 통해 만들어지는 형상들에 두께를 주는 돌출(extrude) 기능을 통해 간단히 3D 모형을 만드는 방식으로 진행하였습니다. 이렇게 2차원 형상에서 시작하는 방법으로 원하는 모든 3D 물체를 만들어낼 수는 없지만, 두께 방향으로 차원을 추가하며 다양한 시도를 해볼 수 있으면서도 교사나 학생 모두에게 가장 친숙한 2차원 형상을 먼저 다루기 때문에 쉽게 접근할 수 있습니다. 이러한 과정을 거치며 실력이 쌓이게 되면 더 강력한 프로그램으로 직접 3차원 디자인부터 시작할 수도 있을 것입니다.

이 책에서 소개하는 모든 예제들은 Afinia H-시리스 프린터(www.afinia.com)와 하이비젼 시스템의 Cubicon Single 3D프린터(www.3dcubicon.com)로 만들었습니만, 여러분이 보유한 대부분의 플라스틱 성형 프린터에서 인쇄할 수 있습니다.

일러두기

이 책의 모든 예제들에서는 소프트웨어에 친숙하지 못한 독자라도 따라가며 익힐 수 있도록 단계별 설명을 볼 수 있습니다. 따라서 사용하는 소프트웨어에 익숙해지면 반복되는 단계별 설명이 불필요하게 될 수도 있겠지만, 그 수준에 도달하기까지 이 책의 구성이 도움이 되길 바랍니다.

왜 성공방정식인가?

사실 성공방정식이라는 말이 적절하다고 생각하지는 않습니다. 우리가 가장 이상적으로 생각하는 방법은 학생들과 교사들이 팅커링(Tinkering)[4]을 통해 자신들만의 디자인과 창작 과정을 만들어가는 것입니다. 교육과정에서 이러한 팅커링 방식에 따를 경우 때때로 예상외의 결과를 주기도 하고 때로는 계획대로 진행되지 않기도 합니다. 하지만 어떤 경우라

4) 역자 주) 팅커링(Tinkering)이란 사전적으로 '땜질하다, 만지작거리고 만들다' 라는 뜻이며, 여기서 팅커링프로세스란 머릿속에 있는 생각을 눈으로 확인하고 손으로 만질 수 있는 결과물로 만들어 이를 토대로 끊임없이 실험하고 조금씩 수정하는 시행착오를 통해 완성도를 높이는 단계를 이야기합니다.

해도 더 의미 있는 학습이 이루어질 수 있다고 믿습니다.

현실적으로 가장 적절하다고 생각하는 방법으로서 이 책에서는 학생들이 주어진 예제를 먼저 수행한 후에 과제와 연관된 다른 디자인을 자유롭게 시도해 보는 하이브리드 방식을 제안합니다. 경험적으로 3D 프린터와 디자인 소프트웨어가 갖는 특이성 때문에 처음에는 더딘 진행을 보일 수 있지만, 일단 도구들의 사용 방법에 익숙해진다면 우리의 상상을 뛰어넘는 멋진 것들을 만들어낼 것입니다.

Step
3
교육 분야의 3D 프린팅의 기회와 도전

교육자들은 교육을 위해 3D 프린팅을 실습하는 부분에 대한 여러 가지 고민과 생각을 하게 됩니다. 이번 장에서는 학교에서 사용하는 3D 프린팅이 주는 다양한 기회는 물론 주의할 점 등에 대해 공통적으로 많이 논의되는 사항들에 대한 답변으로 구성하였습니다.

주의할 점

가격 문제

3D 프린터가 아주 고가였던 시기가 있었지만 매년 그 가격이 내려가고 있습니다. 현재 시장의 가격대를 살펴보시면 알맞은 사양의 제품을 구입이 그리 어렵지 않은 비용으로 구매할 수 있다는 것을 알 수 있습니다. 따라서 이러한 기기에서 얻어지는 경험과 학습이 미래의 주역이 될 아이들에게 그만한 가치와 기회를 제공해 줄 것인가를 먼저 고민해야 하겠습니다.

고온 위험성

3D 프린터의 노즐은 섭씨 260도 정도의 고온이 됩니다. 그래서 대부분 프린터에는 보호장치가 있어 작동 시에 손가락이 닿지 않도록 되어 있습니다. 어떤 프린터는 플레이트가 섭씨 100도 이상으로 가열되기도 하므로 보호 장갑을 반드시 착용하고 다루어야 합니다. 글루건이나 오븐을 써본 사람이라면 어느 부위를 조심해야 할지를 더 잘 알 수 있습니다.

유해연기의 발생

글루건과 마찬가지로 3D 프린터도 플라스틱을 녹일 때 약간의 유해연기가 방출됩니다.

이것이 건강에 치명적인 영향을 미치는 경우는 발생하지 않았으며, 환기가 잘되는 곳에서 3D 프린터를 사용한다면 걱정하지 않아도 됩니다.

완성된 조형물을 꺼낼 때의 부상 위험

일반 프린터는 인쇄된 종이가 자동으로 나오지만, 3D 프린터의 경우 인쇄된 조형물을 손으로 직접 꺼내야 합니다. 이때 각별한 주의가 필요한데, 먼저 학생들이 다치지 않도록 도구를 사용하여 분리하도록 교육시켜야 하며, 날카로운 도구를 사용할 때에는 가죽 재질의 보호 장갑을 착용하여 사고에 대비해야 합니다. 특히, 교실에 반창고와 같은 비상의약용품을 구비해 놓는 것이 좋으며, 항상 두 손을 사용하기 등 선생님들이 직접 만든 안전수칙을 상기시키며 주의를 기울여야 합니다.

기존교육 시간과의 충돌

3D 모델링 수업은 교실에서의 시간을 차지하겠지만, 필요하다면 실제 3D 프린팅은 다른 수업을 하는 동안이나 저녁과 밤 시간을 이용하여 실행시킬 수도 있습니다. 하지만 무엇보다, 3D 프린딩을 기존 학습 방법을 보완하는 또 다른 방법으로서 인식하고 기존 교과과정에 효과적으로 접목될 수 있도록 하는 것이 중요합니다.

총기류 등 위험물의 제작 가능성

물론 기술적으로 불가능하지는 않습니다, 따라서 교실 내에서 선생님의 철저한 지도와 감독 하에서 3D 프린터를 이용도록 해야 합니다. 사족을 달자면, 현재 3D 프린터로 제작된 총은 구조적으로 너무나 미숙하여 제대로 작동될 수 없는 수준입니다.

학생들의 무분별한 시간낭비 우려

Thingivers와 Youmagine과 같은 사이트에는 자유롭게 다운받아 3D 프린터로 인쇄할 수 있는 신기하고 새로운 것들로 가득 차 있습니다. 하지만 학습의 진정한 가치는 이 단계에서 그치는 것이 아니라 시행착오를 겪으며 디자인과 인쇄를 하는 전 과정을 경험하는 데에 있습니다. 어떻게 디자인할지와 어떻게 제작할지가 같이 고려된 교육 방침을 확립하여 우려하

는 시간낭비가 되지 않도록 고민해야 합니다,

저작권 위반 문제

세계적으로 활발하게 일어나는 메이커운동(Maker Movement)을 보면 많은 사람들이 자신의 디자인을 다른 사람들과 공유하는 과정을 통해 서로 의견을 교환함으로써 한층 더 새로운 것을 만들어내고 있습니다. 다운로드하고 싶은 디자인을 찾은 경우 대부분 크리에티브 커먼스(CC) 라이센스 형태로 설정된 허용조건을 검토하도록 되어 있습니다. 즉, 원본 유지 혹은 수정 가능, 배포시 원작자 표시 등 허용되어 있는 조건과 비영리적 이용 및 공정 배포 원칙 등 통상적인 원칙을 지킴으로써 공유시의 도덕과 질서를 스스로 지켜나가도록 교육해야 합니다. 또한, 학생들이 스스로 창작한 작품을 공유하고 싶을 때에도 CC 라이센스 설정을 스스로 선택하여 자신의 창작물을 보호하며 공유할 수 있도록 하십시오. CC 라이센스에 대한 자세한 내용은 다음 사이트를 참고하시기 바랍니다.: www.creativecommons.org[5])

아이들에게 3D 프린터를 가르쳐야 하는 이유

미국의 차세대 과학교육표준(NGSS)에 따르면 공학교육은 유치원에서부터 고등학교 교육에 이르기까지 전반적으로 강조되고 있습니다. 3D 프린팅은 공학 교육에서 필수적인 디자인 실습을 효과적으로 제공할 수 있습니다. 특히, 3D 프린팅을 통해 스스로 어떤 물건이든 만들어 내는 일은 연령에 관계없이 모두 흥미를 가지는 일이며, 완성된 작품을 집에 두고 보관하도록 할 수 있습니다.

5) 역자주) 크리에티브 커먼스 라이센스에 대한 한국판 정보는 다음 사이트를 참조하세요.
http://creativecommons.org/licenses/by-nc-nd/2.0/kr/legalcode

3D 프린팅 교육의 장점

만져볼 수 있습니다

우리가 교육하는 요즘의 학생들은 스크린 속에서만 존재하여 만질 수 없는 무형물과 가상세계에 친숙합니다. MIT의 니콜라스 네그로폰테가 "디지털 비트(Bits)는 새로운 물리적 원자(Atoms)이다" 라고 디지털 시대의 개막을 알렸는데, 이제 우리는 학교에서 3D 프린터로 교육을 통해 가상 세계의 물체를 현실 세계로 불러들이며 "원자는 새로운 비트이다" 라고 말할 수 있게 되었습니다. 수학 교육에서 직접 수학 교구를 제작하여 학습을 하는 등 학생들이 직접 디자인하고 만들어낼 수 있도록 해주는 3D 프린터는 교육에 다양하게 활용될 수 있습니다.

3D 조형물도 작품입니다

학생들은 자신이 만든 작품을 수년간에 걸쳐 보관하고 싶어 합니다. 학생들에게는 자신이 디자인하고 만든 것이 더없이 소중하게 여겨져 왔고, 앞으로도 그럴 것입니다.

3D 조형물은 다양하게 활용될 수 있습니다

한 가지 예로 로봇 공학을 교육한다고 생각해 봅시다. 학생들이 로봇 모델을 설계하는 과정에서 기어 등의 전용 부품들이 필요할 수 있는데, 이러한 부품들을 3D 프린터로 만들 수 있습니다. 이것은 레고 블록을 이용한 교육과는 다른 차원의 경험을 가져다주며, 3D 프린터로 자신이 직접 만든 로봇은 프로젝트가 끝나면 집에 가져갈 수 있습니다.

Step

4 창의적 과학교육 표준에 따른 콘텐츠 설계

최근 미국에서는 차세대과학교육표준(Next Generation Science Standard, 이하 NGSS)과 핵심공통교육과정(Common Core State Standard, 이하 CCSS)이 많은 관심을 받고 있습니다. 이 책에서 소개하는 연습예제들은 이러한 교육 표준과 연계될 수 있도록 구성하였습니다.

미국의 CCSS 표준 항목들은 다음과 같습니다.

1. 문제의 개념을 이해하고 해결할 수 있도록 끈기 있게 도전한다.
2. 추상적 및 정량적인 사고 능력을 기른다.
3. 근거 있는 의견을 제시하고 다른 사람의 논리를 객관적으로 비평한다.
4. 수학을 이용한 모델링 능력을 기른다.
5. 교구 혹은 계산기 등 적절한 도구를 체계적으로 활용한다.
6. 정밀도의 중요성에 대해 인식하도록 한다.
7. 구조적 특징을 찾아내고 이를 이용하는 능력을 기른다.
8. 반복적인 추론을 통해 일관성과 규칙성을 발견하고 이를 표현할 수 있도록 한다.

위의 수학교육표준은 많은 부분에서 3D 프린팅을 활용한 교육의 관점과 잘 맞는다는 것을 알 수 있습니다. 이 책의 거의 모든 예제들을 통해 정밀한 측정에 관한 연습(표준 2), 수학적 모델링에 대한 연습(표준 4), 그리고 적절한 도구를 체계적으로 활용하는 과정(표준 5) 등 교육에서 요구되는 항목들을 반영하였습니다. 표준 6의 정밀도에 관련된 부분은 부품과 부품이 함께 맞물려 작동하는 구조를 만들 때 매우 중요하게 다루어지며, 표준 7은 구조의 개념을 디자인에 반영하는 연습을 통해 학습할 수 있습니다. 또한 표준 1은 학생들이 3D 프린팅을 통해 직접 디자인하고 인쇄하는 과정에서 시행착오를 통한 문제 해결 능력을 익힘으로

써 만족시킬 수 있습니다. 이렇듯, 학생들은 3D 프린터를 활용하여 이 책의 예제들을 따라하는 과정을 통해 수학교육표준 8개중 6개를 만족할 수 있으며, 나머지 수학교육표준과의 연계는 각 예제에서 각각 소개하겠습니다.

미국의 NGSS는 다음과 같은 핵심원칙들을 기반으로 표준범위의 특징을 설명하고 있습니다.

1. K-12(유아 및 초등학생부터 중고등학생 범위)의 과학교육은 교육 현장에서 수행과 경험을 통해 전달해야 하는 과학의 본질들이 어떻게 서로 연관되어 있는지를 반영해야 한다.
2. NGSS는 개별적인 교과과정에 대한 것이 아니라, 학생들에 대해 기대되는 수행성과를 제시하기 위한 것이다.
3. NGSS에서 제시하는 과학의 개념은 K-12 학생들에 대한 교육과 밀접하게 구성되어야 한다.
4. NGSS는 교육콘텐츠에 대한 심도 있는 이해와 활용 능력을 강조한다.
5. NGSS에 의해 K-12에서부터 과학과 공학이 밀접하게 융합되어야 한다.
6. NGSS를 통해 K-12 학생들이 대학 진학과 취업 등 준비된 시민으로서의 역할을 수행할 수 있도록 설계되어야 한다.
7. NGSS와 CCSS는 수학과 언어분야와 같은 다양한 분야들이 서로 균형을 이룰 수 있도록 조화로운 방향성을 제시해야 한다.

이 책에서는 예제들을 통해 이러한 7가지의 NGSS 표준을 최대한 반영하였습니다. 차세대과학표준인 NGSS는 물리학, 생명과학, 지구과학 및 우주과학 등 네 가지 핵심 영역으로 나뉘어 있고, 이 책에서는 특히 물리학 및 생명과학 영역과 공학과의 연계성에 중점을 두어 실습 예제들을 마련하였습니다.

Step 5

보급형 3D 프린터의 작동 원리

대부분의 학교에 설치된 3D 프린터들은 약간 과장하여 간단히 말하자면 모터가 몇 군데에 장착된 글루건과 비슷한 개념입니다. 따라서 글루건을 사용해 보신 분이라면 3D 프린터의 작동 원리를 더 쉽게 이해하실 수 있습니다. 먼저, 녹는점 이상으로 가열된 플라스틱을 작은 구멍을 통해 밀어내면 가느다란 선 모양의 플라스틱 필라멘트가 녹은 상태로 구멍을 통해 나올 것이고, 이를 컴퓨터 명령에 따라 모터를 구동시켜 전후좌우와 상하로 움직일 수 있다면 우리가 원하는 모양들을 만들어낼 수 있다는 것이 바로 3D 프린터의 기본 원리라고 할 수 있습니다. 실제로 글루건을 가지고 3D 프린터를 만드는 방법은 goo.gl/zUleZ의 링크에서 보실 수 있는 것처럼 가능하긴 하지만, 그리 추천하고 싶지는 않습니다.

물론 3D 프린터는 글루건이 아니라 기본적으로 ABS(Acrylonitrile Butadiene Styren)이나 PLA(Polactic Acid) 등과 같은 열가소성 수지를 필라멘트 형태로 만든 플라스틱 재료를 이용합니다. 필라멘트는 보통 1.75mm 이상의 두께를 가지는데, 가열을 하면 액체처럼 유동성이 생겨 쉽게 3D 프린터의 노즐을 통해 밀어내어 보통 머리카락 두께인 0.15mm 정도의 선을 그릴 수 있습니다. 이러한 선들을 계속 그리면 면이 형성되고 이러한 방법으로 면 위에 다음 면을 계속 쌓아 올리는 방법으로 점차 3차원 모양이 만들어지게 됩니다.

원료가 되는 플라스틱 재료를 선택할 때는 재료에 따른 몇 가지 특성들을 고려해야 합니다. ABS 수지는 석유에서 추출된 재료이며, PLA 수지는 녹말에서 추출된 자연 성분입니다. ABS 수지는 냉각시에 약간 수축하므로, 제작 완료 전에는 보온이 될 수 있도록 가열될 수 있는 플랫폼이 필요합니다. 이와 같이 보면 PLA가 당연히 좋은 선택이라고 생각할 수도 있겠지만, PLA 수지는 ABS에 비해 잘 부러질 수 있습니다. 즉, 자주 사용되는 부품의 경우에는 ABS 수지를 사용해야 합니다. 두 가지 재료 모두 재활용이 가능하긴 하지만, ABS 재료는 특수 재활용업체에서만 처리할 수 있는 반면, PLA 수지는 유기물이기 때문에 이론적으로 일정 시간이 지나면 자연 분해될 수 있습니다. 두 재료 모두 재활용 통에 바로 넣으시면 안됩니다.

각각 플라스틱의 녹는점이 다르기 때문에, 3D 프린터는 한 번에 한 가지 재료만을 사용하도록 설정해야 합니다. 두 종류의 재료를 동시에 모두 사용할 수 있는 기기들도 개발되었지만, 대부분의 보급형 3D 프린터들은 PLA 수지만을 사용할 수 있도록 출시되었습니다. 재료들은 대개 1kg 정도씩 롤 형태로 판매되며 다양한 색상을 구입할 수 있습니다.

출력할 수 있는 크기

출력할 수 있는 크기는 보유하고 계신 프린터에 따라 다릅니다. 보통 한 변이 20Cm(Cubicon single 24X19X20Cm)정도의 크기를 만들수 있습니다.

출력에 필요한 시간

출력에 걸리는 시간은 출력하려는 물체의 크기에 따라 다릅니다. 3D 프린팅 작업은 기본적으로 쌓아 올리면서 진행되기 때문에 약 0.15mm를 한 층으로 하였을 때 많이 쌓을수록 필요한 시간은 길어지게 됩니다. 작은 물건은 보통 30분 정도에 끝날 수도 있고, 크거나 복잡한 모양은 시간이 많이 필요할 수 있습니다.

학교용 3D 프린터를 구매할 때의 고려 사항

3D 프린터를 선택하는 일은 생각보다 쉽지 않습니다. 조금 과장해서 말하자면 매주 새로운 기술들이 생겨나고 도입되다 보니 더 좋은 성능에 가격까지 낮춘 제품들이 시장에 속속 출시되고 있고 게다가 같은 회사에서도 다양한 모델들을 출시하기 때문입니다. 한 가지 좋은 참고자료로서 MAKE 매거진에서 매년 발간하는 가이드를 알려드립니다. (goo.gl/kqVWjU 참조) 이 자료는 매년 동일한 형상을 다양한 프린터에서 출력하여 성능을 비교한 보고서입니다. 물론 보고서가 만들어지는 시점에서 지난 1년간 출시된 제품들에 대

한 비교이기 때문에 최신 제품에 대한 정보는 아니지만, 학교에서 사용하고자 하는 제품을 구입하려고 할 때 도움이 되는 많은 정보들을 얻을 수 있습니다.

교육 목적으로 학교에서 구매할 3D 프린터를 선정할 경우에 염두에 두어야 할 몇 가지 사항들을 다음과 같이 정리할 수 있습니다.

종류

저가형 프린터는 대개 필라멘트를 녹여서 인쇄하는 플라스틱 압출 방식이거나 혹은 액상 수지를 레이저빔으로 굳히는 방식 중 하나입니다. 특히 대부분 플라스틱 압출 방식이라 할 수 있는데, 이 방식은 다양한 색을 인쇄할 수 있다는 장점이 있습니다. 반대로 액상 수지를 사용하는 방식은 출력물의 품질이 우수다는 장점이 있으나, 색상이 다양하지 않으며 레이저빔의 사용으로 인한 위험성 때문에 교육환경에 적합하지 않을 수 있습니다.

가격

3D 프린터는 아주 다양한 가격대로 시장 가격이 형성되어 있습니다. 물론 투자한 금액에 따라 기대할 수 있는 성능이 달라지겠지만, 아주 훌륭한 성능을 가진 제품들이 저가로 출시되는 일도 많습니다. 따라서 예산을 먼저 생각하기보다 필요한 기능과 성능을 먼저 설정하고 예산에 합당한 가격대의 제품을 찾아보는 방법을 권합니다.

사용성

3D 프린터 중에는 어떤 제품은 박스에서 꺼내서 바로 사용할 수 있을 정도로 설정이 모두 완료된 상태로 제공되기도 하고, 또 어떤 제품은 구매자가 직접 각종 보정 작업을 해야 하는 경우도 있습니다. 물론 이러한 작업 후에는 계속 사용할 수 있지만 구매 전에 확인할 필요가 있습니다.

다양성

앞서 설명했듯이, 대부분의 3D 프린터들은 ABS 혹은 PLA 수지를 사용합니다. 몇몇 프린터는 두 재료를 모두 사용할 수 있으나, 그렇지 않은 프린터들은 이 중 한 종류의 플라스틱 재료만 사용도록 되어 있습니다. 각각의 플라스틱 재료들은 녹는점이 다르기 때문에 한 종류의 재료만 사용할 수 있는 기기를 사용할 때에는 반드시 지정되어 있는 플라스틱 수지를 사용해야 합니다. 두 가지 플라스틱 수지는 가격 면에서 큰 차이가 없으나, ABS는 단단하여 구조물의 부품을 만드는데 알맞지만 냉각될 때 약간 수축하는 성질이 있어 가열베드(아래 설명 참조)가 필요합니다. 두 재료 모두 가열 처리 과정에서 약간의 악취를 내기 때문에 실내 환기를 생각해야 합니다. ABS는 전문 처리 업체를 통해 재활용 가능하고, PLA는 천연 성분에 가까워 생물학적으로 분해될 수 있습니다.

전선의 노출

몇몇 3D 프린터는 전선이 외부에 노출되어 있습니다. 물론 이러한 전선들은 절연처리가 되어 있어 감전의 위험은 작습니다만 구매할 프린터를 선정할 때에는 중요할 수 있습니다. 밀폐 구조인 경우는 호기심 많은 학생들이 각종 전선과 기타의 다른 부분들을 만질 수 없도록 되어 있습니다. 따라서 학생들에게 작동중인 기기의 내부를 보여줄 필요가 없는지 또는 보여줄 수는 있지만 안전성을 더 생각해야 하는지에 대해 고민하여 선택해야 할 것입니다.

노즐의 노출

압출 노즐을 통해 녹아있는 필라멘트가 밀려 나오면서 아주 얇게 인쇄된 층을 만들고 이러한 층들을 쌓아 올리는 방법으로 원하는 형상을 만들게 됩니다. 인쇄 과정 중에 노즐의 온도는 보통 섭씨 260도 정도까지 높아지므로 아주 뜨겁습니다. 일반적으로 3D 프린터에는 작동 중에 고온부가 몸에 닿지 않도록 경고 문구나 스티커를 통해 주의를 주고 있습니다만 기기에 따라 이러한 위험 부위가 노출되어 있는 구조의 제품도 있습니다. 작동 중에 기기 안쪽에 손을 넣지 않도록 학생들에게 충분히 위험성에 대해 주의를 주어야 합니다.

가열베드(Heated Bed)

출력하려는 물체의 크기가 클 경우 출력 과정 중에 모서리부 등이 변형될 수 있어 베드를 가열하여 보온해야할 경우가 있습니다. 이러한 경우 베드가 섭씨 110도 가열되는데, 사용하려는 재질이 ABS인 경우 이러한 가열베드가 꼭 필요하지만, PLA를 사용할 경우에는 그리

필요하지 않습니다.

플랫폼의 자동 수평 맞춤 기능

베이스부의 모든 영역에서 플랫폼과 노즐 사이의 간격은 항상 일정하게 유지되어야 하는데, 너무 간격이 작으면 노즐이 플레이트에 부딪힐 수가 있어 고장의 원인이 되기도 하고 너무 크면 플라스틱이 플랫폼에 닿기도 전에 굳어져서 인쇄 품질이 낮아질 수도 있습니다. 따라서 많은 프린터들이 플레이트의 수평을 수동으로 조절할 수 있도록 되어 있는데, 수평을 맞추는 것은 큰 조형물에서는 가장 중요하여 불편한것은 사실입니다. Cubicon Single은 세계 최초의 Auto level plus를 맞추는 기능이 제공되고 있고, 학교에서 사용할 기기라면 이 기능이 필요할 것 같습니다.

노즐 높이의 자동 조절 기능

플랫폼 수평이 맞춰진 후에는 노즐의 높이를 맞추어야 합니다. 노즐이 플랫폼에 너무 가까우면 노즐이 막혀 제대로 인쇄가 되지 않을 수 있고, 너무 멀면 플라스틱이 쌓이기 전에 굳어져 인쇄 불량이 발생할 수 있습니다. 노즐 높이의 조절 역시 어려운 작업은 아니지만, 플랫폼 수평 맞춤과 마찬가지로 이러한 기능이 제공되는 프린터를 선택할 수 있습니다.

베드의 표면 재질

이 부분은 매우 중요합니다. 3D 프린터의 플랫폼은 유리나 금속 재질 혹은 유리섬유 강화 에폭시 등과 같은 재질로 되어 있습니다. 재질이 에폭시 보드가 아닌 경우 플랫폼에 반드시 코팅이 되어 있어야 합니다. 이 코팅은 출력 중에 인쇄물이 미끄러지거나 이탈하지 않도록 해주며, 출력 후에는 인쇄물이 잘 분리될 수 있도록 하는 역할을 합니다. 이러한 기능을 위해 많은 방법들이 개발되었으므로 각자 자기에게 가장 적합한 방법들을 찾을 수 있습니다. 예를 들어 헤어스프레이를 베드 표면에 살짝만 도포하거나 또는 3M 제품인 페인트용 테이프를 베드 표면에 붙이는 방법을 생각해 봅시다. 스프레이의 경우 너무 많이 도포하지 않도록 주의해야 하고, 3M 테이프의 경우 손의 기름기가 테이프 표면에 남지 않도록 해야 합니다. 어떤 경우는 학교에서 사용하는 고형 풀을 플랫폼 표면에 얇게 바른 후 인쇄하기도 합니다. 가장 우수한 결과는 ABS 수지를 아세톤으로 녹여 플랫폼 표면을 코팅시키면 얻을 수 있습니다. 하지만 아세톤을 사용하므로 교실에서 사용하기에는 적절하지 않은 방법이기도 합니다. 또한 캡톤 테이프(Kapton Tape)를 사용하는 방법도 좋습니다. 페인트용 테이프보다 가격은 조금 비싸지만 떼어내기 전에 여러 번 사용할 수 있다는 장점이 있습니다. 가장 최근에 나온 표면 처리 방법으로는 BuildTak(www.buildtak.com)이 있다. 이 방법을 사용하면 PLA와 ABS 수지 모두 표면 위에 바로 인쇄를 할 수 있으며, 한 번의 처리로 10번 이상 인쇄할 수 있으며 제거와 재처리 과정이 아주 쉽습니다. Cubicon Single의 경우 베드가 특수 코팅으로 되어 있어 별 다른 방법 없이 그 위에 Build하여도 되는 제품이다.

고정판(Raft) 형성 유무

대부분의 프린터들은 고정판(Raft)을 먼저 만들 것인지에 대한 선택이 가능하도록 되어 있습니다. 고정판이란 인쇄하려는 형상보다 조금 큰 면적으로 몇 층 정도를 먼저 인쇄하여 출력물이 바닥에 단단히 붙어 있을 수 있도록 하는 것입니다. 이런 경우 문제점은, 인쇄를 마친 후 날카로운 도구를 사용하여 원하는 형상과 고정판을 분리해야 한다는 것입니다. 학생들이 이러한 후처리를 해야 하는 경우 반드시 가죽 장갑을 착용하도록 해야 하며 도구가 닿는 부분이 신체에서 되도록 먼 쪽이 되도록 주의해야 합니다. 고정판 없이 인쇄할 수 있는 기기도 있지만 지지대 등을 제거하는 후가공이 필요할 때가 있고 이런 경우 대부분 예리한 도구를 사용하는 수작업이 이루어지게 됩니다. 따라서 개인적으로는 고정판 없이 인쇄를 먼저 해보시기를 권합니다. 그리고 고정판의 제거나 후가공으로 인해 발생하는 플라스틱 조각들을 종류에 따라 올바르게 폐기해야 합니다.

필라멘트의 가격 및 선택 사항

대부분의 필라멘트는 1 kg 단위의 롤 형태로 판매되며 여러 가지의 색상과 야광, 금속 질감 등 선택을 다양하게 할 수 있고 품질 역시 다양합니다. 따라서 디자인 초기의 시험 제작을 거쳐 최종 완성물을 인쇄할 때 고품질 필라멘트를 사용하는 방법을 쓸 수 있습니다. 필라멘트의 두께는 1.75 mm 또는 3 mm이며, 대부분의 보급형 3D 프린터들은 1.75 mm를 사용합니다. 필라멘트는 보통 한 롤에 약 30달러 ~ 50달러 정도의 가격으로 판매되고 있습니다.

한 번의 출력에 드는 평균 비용

보통 필라멘트 한 롤로 100개 이상의 출력이 가능합니다. 비용은 인쇄물의 무게에 따라 차이가 있지만, 대부분의 디자인 소프트웨어에서 무게를 계산해주기 때문에, 출력 전에 대략의 인쇄 시간과 비용이 예측 가능합니다.

필라멘트 한 롤로 인쇄할 수 있는 개수

앞서 설명한 바와 같이 인쇄물의 무게에 따라 주어진 시간 내에 출력 가능한 개수가 결정되며 인쇄 전에 계산할 수 있습니다.

다양한 색상을 사용한 인쇄

현재 다양한 색상의 재료를 사용할 수 있는 기기는 단일 색상용 기기보다 고가입니다. 물론, 인쇄 작업 중에 필라멘트를 바꾸거나 각 부품의 색상을 다르게 인쇄하여 조립하는 방법도 있습니다. 수년 이내에 달라질 수 있겠지만 현재 대부분의 학교에서는 단일 색상 전용 프린터를 사용하고 있습니다.

그 외의 필요한 것들

3D 프린터와 함께 사용해야 하는 부가 도구들이 필요합니다. 예리한 도구들을 사용하는 경우 안전 수칙을 반드시 준수하고 보호경 및 장갑 등 안전 용구들이 갖춰져 있어야 합니다.

조각도/끌

인쇄가 완료된 형상은 프린터의 플레이트에 붙어 있게 되며 이를 분리하기 위해 조각도 혹은 끌과 같은 도구를 이용합니다.

여분 플레이트

2~3개 정도의 여분 플레이트가 있다면 출력물을 플레이트에서 떼어내는 작업을 하는 동안 다음번 출력을 시작할 수 있습니다.

후가공 도구

복잡한 형상을 출력하게 되면 돌출부 등에 지지구조가 같이 인쇄됩니다. 이러한 지지물은 얇고 잘 떨어지긴 하지만 제거 작업의 흔적을 남기거나 제거가 힘든 위치에 있을 수도 있습니다. 따라서 다양한 크기와 형상의 후가공용 도구를 마련해야 하는데, 치과용품이나 예술용 및 보석 세공용 등의 도구들을 사용할 수 있습니다.

측정 도구

캘리퍼스 혹은 자 등 학생들이 많이 사용하는 측정 도구들을 준비해야 합니다. 이를 통해 서로 끼워 맞출 수 있는 부분 등에 대해 좀 더 정밀한 디자인을 출력할 수 있습니다.

다른 유용한 팁

프린터 제조업체들은 성공적인 프린팅 작업을 위한 다양한 정보를 제공하고 있습니다. 온라인 포럼이나 구글 그룹 등 다양한 매체를 통해 교사들이 기기나 소프트웨어 등에 대한 의견을 나누고 있고 고정판 제거 등 어려운 작업들에 대한 요령을 배울 수 있는 다양한 웹사이트와 비디오 자료 등이 있습니다.

표면 후처리 방법

3D 프린터로 인쇄된 출력물은 얇은 플라스틱 층을 쌓아서 만들어지기 때문에 표면이 대부분 거칠게 만들어집니다. 표면을 부드럽게 처리하는 가장 쉬운 방법은 빈 페인트 통에 아세톤에 적신 키친 타올을 페인트통의 안쪽 벽면에 붙인 후 페인트 통 바닥에 인쇄된 출력물을 넣어 뚜껑을 닫아두는 것입니다. 키친 타올은 자석 등을 이용하여 벽면에 고정시킬 수 있습니다. 한두 시간 후에 꺼내보면 아주 매끄럽게 반짝거리는 완성품을 얻을 수 있습니다. 아세톤을 사용하는 이 방법은 환기가 잘되고 화재의 위험이 없는 곳에서 안전 수칙을 항상 준수하며 사용해야 합니다. www.3dcubicon.com Cubicon single

Part 2

학생들의 창작 디자인 활동

1. 학생들의 창작 디자인 활동
2. 대상물로부터 3D 이미지 획득

Step

1 학생들의 창작 디자인 활동

현재 다양한 서비스를 통해 3D 디자인을 얻을 수 있습니다. 예를 들어 Thingiverse 웹사이트(www.thingiverse.com) 혹은 Youmagine (www.youmagine.com)과 같은 온라인 서비스를 통해서 전 세계 사람들이 올린 3D 디자인을 다운받아 인쇄할 수 있으며, 3D 모델링 소프트웨어를 사용하여 각자의 용도에 맞도록 수정할 수도 있습니다.

3D 디자인을 얻을 수 있는 또 다른 방법도 있습니다. 과거에는 모형 제작용 클레이를 이용하여 시작품을 만들었지만, 이제는 3D 스캐너를 이용하여 입체물을 복사하고 3D 프린터로 다시 만들어낼 수 있습니다. 저해상도 3D 스캐너의 가격은 미화 약 800달러 정도인데, 이제는 쓸만한 수준의 스캐너를 직접 만들 수 있는 방법도 생겼습니다. 몇몇 웹사이트(www.instructables.com/id/EASY-Kinect-3D-Scanner 등)에 저렴하게 스캐너를 제작하는 방법이 소개되어 있습니다. 디지털 카메라로 촬영된 일련의 사진을 이용하여 3D 형상을 얻을 수도 있는데, 이는 다음 장에 소개되어 있습니다.

이렇게 다양한 방법으로 3D 모델을 얻거나 만들었다면, 이제 자신의 용도에 맞는 3D 디자인 소프트웨어를 사용할 필요가 생깁니다. 이러한 CAD(Computer Aided Design) 프로그램을 통해 만들어진 모델들을 인쇄하기 위해서는 STL(STereoLithography) 형식의 파일로 저장해야 합니다. 3D 프린터를 작동시키는 소프트웨어는 STL 파일의 정보를 변환하여 3D 프린터가 인쇄할 레이어 정보로 만든 후 프린터로 보내게 됩니다.

이러한 디자인 소프트웨어들 중에는 매우 우수한 성능과 기능을 제공하는 유료 제품도 있지만 이 책에서는 교실에서 자유롭게 사용할 수 있는 무료 소프트웨어를 중심으로 예제 실습을 진행하였습니다. 이번 장의 나머지 부분에서는 이 책으로 실습을 진행하기 위해 반드시 필요한 프로그램들을 소개하겠습니다.

일러두기

- 이번 장에서 사용한 이미지들은 해당 소프트웨어의 형태를 보이기 위한 것이며, 아이콘 등 소프트웨어의 상세한 부분에 대해서는 예제를 통해 설명하였습니다.

Inkscape

Mac, Windows, Linux 호환

www.inkscape.org

Inkscape는 주로 2D 디자인에 사용되지만 기어와 같이 복잡한 물체를 자동으로 그릴 수 있을 정도로 매우 강력한 기능을 갖고 있습니다. Inkscape로 만들어진 그림은 SVG(Scalable Vector Graphic) 형식으로 저장되기 때문에 그림을 확대할 경우에도 이미지 품질이 유지됩니다. 또한 이러한 이미지는 웹사이트나 문서작업, 프레젠테이션 등에 쓸 수 있도록 PNG (Portable Network Graphic) 형식과 같은 기존 형태로도 저장할 수 있습니다.

Inkscape의 가장 큰 장점은 바로 2D 이미지에 높이 값을 주어 3D로 변환시킬 수 있는 기능에 있습니다. 이러한 기능은 3D 관련 플러그인을 설치하면 사용할 수 있는데, Inkscape의 PathstoOpenSCAD 확장판과 사용안내는 www.thiniverse.com/thing:25036에서 찾아볼 수 있습니다.

높이를 주거나 돌출시켜 3D 형태로 만드려는 이미지를 선택하고, 돌출 옵션에서 돌출시키려는 정도를 밀리미터(mm)로 입력하면 3D OpenSCAD 파일이 자동으로 생성됩니다. 이를 프린터에서 인쇄하려면 이 파일을 OpenSCAD 프로그램에서 열고 이미지를 STL 형식으로 변환하여 저장하면 됩니다. 처음에는 상당히 복잡한 작업처럼 보일 수 있지만 그다지 어렵지 않고 빠른 시간 내에 적응할 수 있습니다.

2D 도구로부터 시작해서 3D 프린팅까지 이어지는 과정이 번거롭게 생각될 수도 있지만, 대부분의 학생들은 일상적으로 2D 그리기 작업에 익숙해 있고 처음부터 3D로 형상을 만들어야 한다면 적응하지 못할 수 있기 때문에 이러한 방법을 권하는 바입니다. 이렇게 모델링에 점차 익숙해지도록 하여 최종적으로는 3D 도구만으로도 작업할 수 있는 수준으로 끌어올리는 것을 목표로 하시길 바랍니다.

2D 그리기로 시작하면 각종 측정 도구들을 사용하기가 편리하므로 정교한 디자인을 만들어 낼 수 있습니다. 이 책을 통해 학생들에게 정교하고 정밀한 디자인 교육을 할 수 있기를

바라며, 2D 그리기로 시작하는 것이 이러한 목적를 달성할 수 있는 좋은 습관들을 일찍부터 자리 잡게 할 수 있다고 생각합니다.

일러두기

매킨토시의 경우 Inkscape 소프트웨어 설치를 위해서는 추가적인 프로그램의 설치가 필요하기 때문에 설치를 위한 안내를 매우 세심하게 따라야 합니다.

OpenSCAD

Mac, Windows, Linux용

www.openscad.org

이 책에서는 Inkscape를 3차원에서 활용하기 위한 용도로 OpenSCAD가 주로 이용되지만, 사실 OpenSCAD는 문장식 명령어로 완벽한 3D 모델을 생성할 수 있는 프로그램입니다. 이 프로그램은 전용 언어를 사용해야 하므로 고등학생 정도의 수준에 적합합니다. OpenSCAD에서 기하학적인 형태를 생성시킬 때 "변수"를 이용할 수 있다는 장점이 있습니다. 즉, 몇 개의 변수 값을 입력하여 다양한 형태로 변할 수 있도록 할 수 있다는 것입니다. 예를 들어, OpenSCAD로 프로펠러를 디자인할 경우 변수 값을 다르게 입력하면 날개 수와 크기가 변경될 수 있도록 프로그램을 작성할 수 있습니다. 이는 매우 편리한 기능이며, Thingiverse에서도 OpenSCAD 파일을 찾을 수 있습니다. 이 기능을 이용하면 각 부품을 모두 설계해야 할 필요가 없이 기존 파일을 목적에 맞게 변형하며 작업할 수 있습니다. 작업한 결과물을 STL 파일로 저장하기 전에 모델의 최종 형태를 화면에서 보며 확인할 수 있습니다.

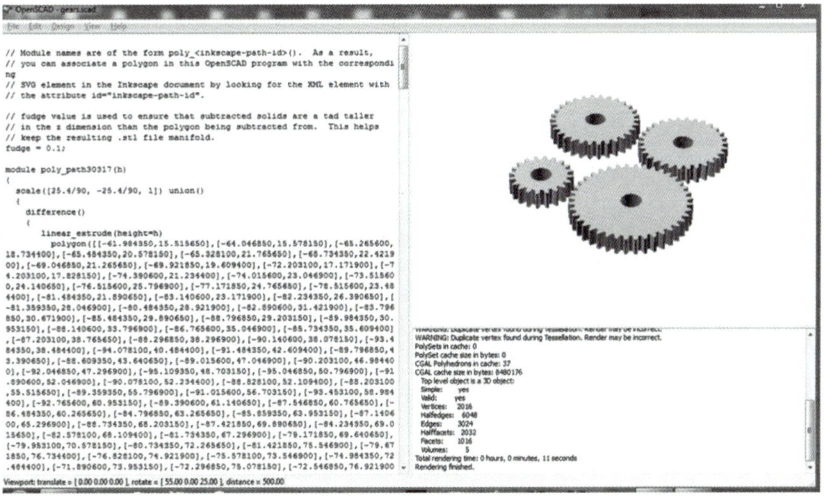

SketchUp Make

Mac, Windows용

www.sketchup.com

SketchUp은 3D 모델링 전문 도구로서, 건축 디자인과 같은 기하학적인 구조를 백지 상태에서 시작해야 할 경우 아주 적합합니다. SketchUp Make는 무료이면서도 학생들이 모델을 만들고자 할 때 필요한 모든 기능들이 포함되어 있습니다. 특히 구조물이 상자, 원통 혹은 구 등의 형태를 변형하여 만들어질 수 있다면 아주 뛰어난 성능을 보입니다. 하지만 유기체와 같은 자연적인 형상을 만들어야 할 경우 적합하지 않을 수 있습니다. SketchUp Extension Warehouse에는 만들어진 모델을 STL 파일로 직접 변환할 수 있도록 하는 무료 플러그인이 있습니다만, STL 파일로 변환된 이미지를 편집하기에는 그리 적당하지 않으므로 변환 전에 참고해야 합니다. STL 파일을 불러들이면 모델이 무수히 많은 점들과 삼각형으로 나타나게 되어 SketchUp에서 만들어 낸 모델과 같이 부드러운 표면으로 복구하는 방법이 없습니다. 이 부분이 초기 버전의 SketchUp 프로그램과 현재 버전이 다른 점입니다만, 이 문제를 피해 갈 수 있는 다른 방법들이 많이 개발되어 있습니다.

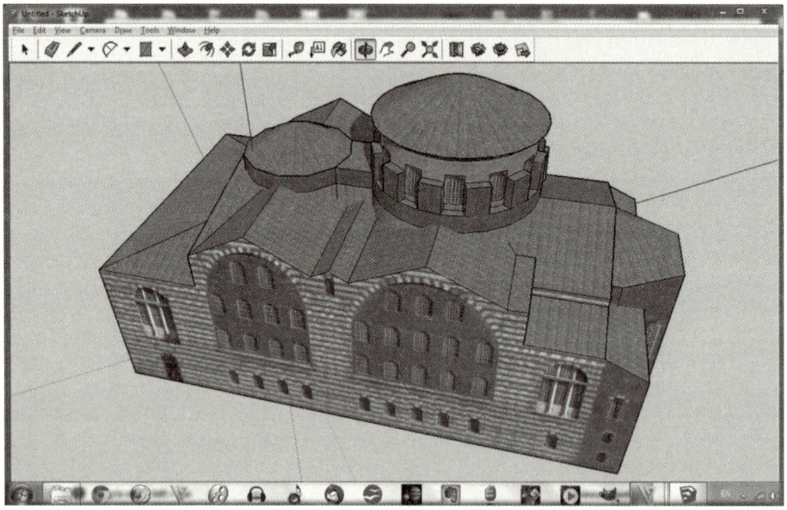

Tinkercad

클라우드 기반 - 일부 브라우저에서만 사용 가능

www.tinkercad.com

Tinkercad는 아마도 간단한 3D 디자인 작업을 할 경우에 가장 손쉽게 사용할 수 있는 프로그램 중의 하나일 것입니다. 하지만, 프로그램의 한계가 매우 많으며 최근에 AutoDesk에 매각되어 계속 무료로 제공될지 불확실합니다. Tinkercad를 이용하면 2D 및 3D 파일을 불러올 수 있으며 3D 디자인의 기초를 체험할 수 있는 재미있는 설명서도 볼 수 있습니다. 단체 계정을 위한 프리미엄 기능도 제공되며 13세 미만의 사용자는 가입을 제한하고 있습니다.

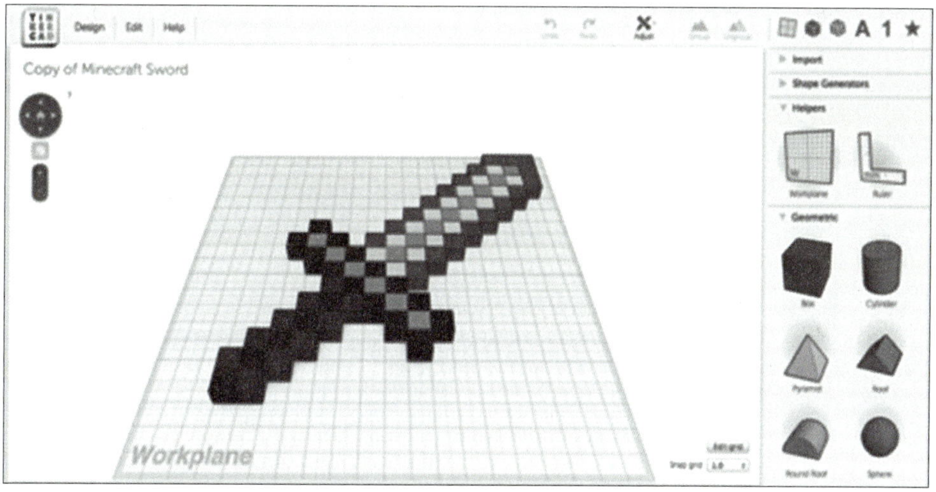

클라우드 기반 CAD 프로그램 사용시 주의사항

클라우드 기반 소프트웨어에는 장단점이 있습니다. 클라우드 내에 있는 프로그램을 사용할 경우 소프트웨어를 설치할 필요가 없으며, 브라우저 내에서 구동되기 때문에 태블릿이나 넷북 환경에서도 사용이 가능합니다. 학생들이 자유롭게 개인 계정을 만들고 어디서나 접속하여 사용할 수 있습니다. 그러나 학교의 통신 시스템 용량에 여유가 있어야 하고,

WebGL이 동작할 수 있는 브라우저에서만 사용할 수 있습니다.

현재로서는 Chrome과 Firefox 브라우저만이 WebGL을 사용할 수 있으며 마이크로소프트사의 브라우저에서는 사용할 수 없습니다. 또한 지원되는 브라우저라 해도 구조물이나 점을 끌어 이동시키거나 할 때 약간 지연되는 경우가 있어 디자인 작업에 불편할 수 있습니다. 그리고 때에 따라 서비스가 정지되기도 하고 예고 없이 사용 규정이나 인터페이스 혹은 기능이 변경될 수도 있으며, 경우에 따라서는 서비스가 완전히 중단될 수도 있다는 것을 참고해야 합니다.

3DTin

클라우드 기반 - 일부 브라우저에서만 사용 가능
www.3dtin.com

3DTin은 TinkerCAD와 비슷하게 사용하기 쉬우면서도 보다 많은 기능을 제공합니다. 다양한 형상들이 저장된 라이브러리를 활용하면 편리하게 디자인을 시작할 수 있습니다. 사용해 본 경험에 따르면 TinkerCAD에 비해 3DTin에서 부품들을 정렬하거나 위치에 맞춰 넣는 작업을 더 쉽게 할 수 있습니다. 3DTin을 이용하면 디자인 파일을 바로 인쇄할 수 있도록 STL 파일로 다운로드 받을 수 있습니다. 3DTin은 무료이지만 파일 불러오기, 고급 파일 관리 및 광고 제거 등을 원할 경우 프리미엄 요금을 지불해야 합니다. 최근 이 프로그램은 다른 회사에 매각되었기 때문에 각종 변경이 있을 수 있으므로 웹사이트의 공지를 잘 살펴보시길 바랍니다.

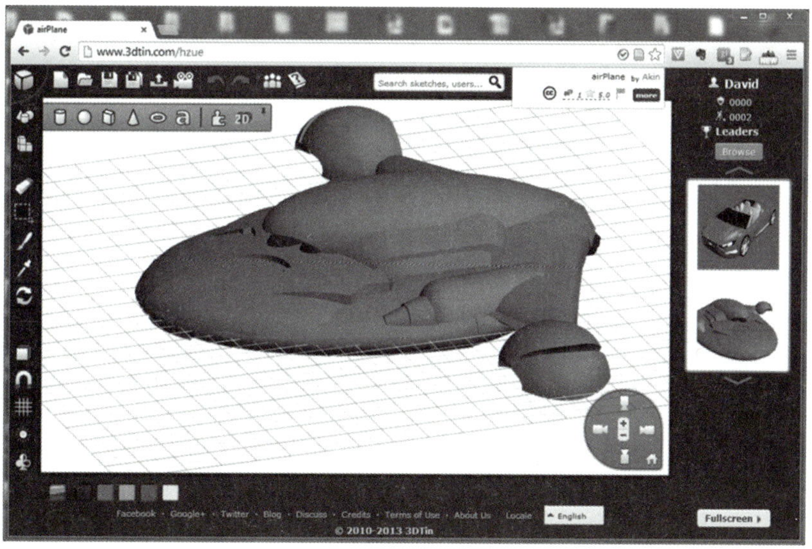

Autodesk 123D

Mac, Windows, iPad 및 클라우드에서 사용 가능

www.123dapp.com

Autodesk는 CAD디자인 소프트웨어 업계에서 가장 앞서가는 회사입니다. 이 회사의 제품은 전 세계의 디자인과 건축 설계 분야에서 광범위하게 사용되고 있습니다.

Autodesk사는 기하학적인 형상은 물론 생명체의 모양에 이르기까지 다양한 경우에 사용할 수 있는 도구들을 제공하고 있고 3D 디자인 초보자도 사용할 수 있도록 지원하고 있습니다. 실제로 미국 캘리포니아 주의 한 초등학교에서는 123D Creature라는 아이패드용 프로그램을 수업에 이용하고 있습니다. 학생들은 이 프로그램으로 자신들 교실의 생태계에서 생존할 수 있는 상상 속의 곤충들을 디자인한 후 그 "곤충"들을 인쇄하여 왜 이 곤충이 교실 생태계에서 살아남을 수 있다고 생각하는지를 설명합니다.

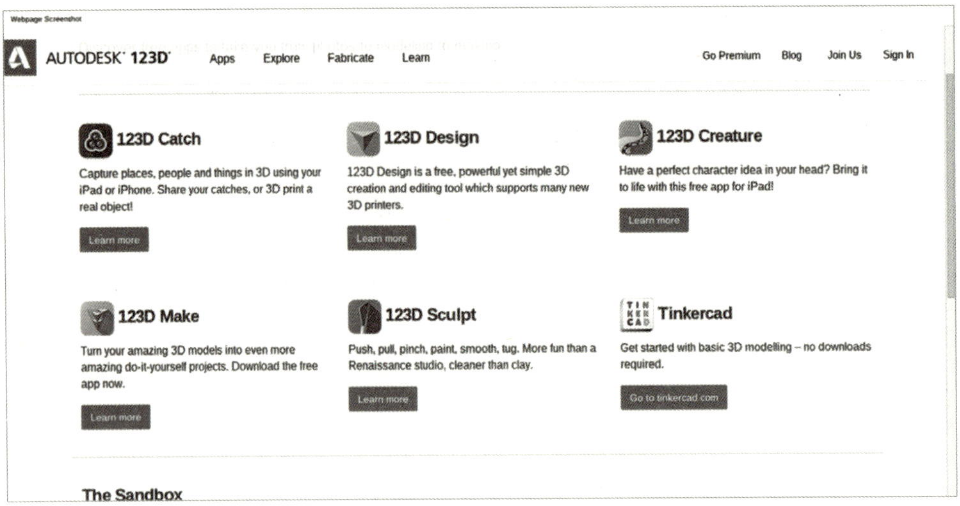

Meshmixer

Mac, Windows용

www.meshmixer.com

Meshmixer는 마치 찰흙으로 조각하는 것 같은 느낌을 주기 때문에 유기체와 같은 형태를 만드는 데 아주 편리합니다. 클레이 작업을 해 본 사람은 누구나 이 프로그램을 쉽게 이용할 수 있으며, 설명서 또한 아주 잘 만들어져 있어 사용 방법을 잘 이해할 수 있습니다. 이러한 프로그램을 생명과학 교실에서 3D 프린팅과 함께 이용한다면 아주 효과적입니다.

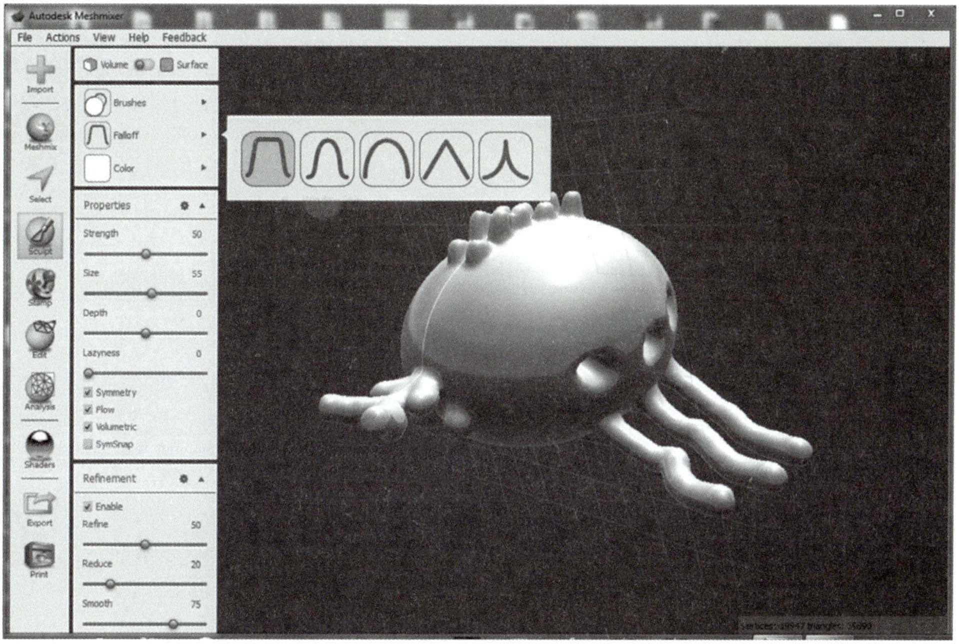

Sculptris

Mac, Windows용

www.pixologic.com/sculpris

Meshmixer의 사용자들에게 이 프로그램은 다음 단계를 도전할 수 있게 해주는 뛰어난 제품입니다. 시작 화면이 비어있는 것이 아니라 클레이 같은 구가 있으며 이 덩어리를 클레이를 다루듯 변형시켜 어떤 모양이든 상상하고 있는 형태를 만들 수 있게 됩니다. 기하학적인 형태를 만드는 방법은 아니지만, 다양한 형태의 실물 혹은 상상 속의 형상을 표현할 수 있습니다. 최종 파일은 OBJ 파일 형태로 내보내지며, 이 파일을 Meshlab 프로그램에서 불러들이면 쉽게 STL 파일로 변환할 수 있습니다. 한 번 작업을 시작하면 시간 가는 줄 모를 정도로 재미있게 작업하여 놀라운 모양들을 만들 수 있으며, 이를 3D 프린터로 인쇄할 수 있습니다. 각종 기능에 대한 설명과 비디오 링크가 잘 만들어져 있어 관심이 있는 사람에게는 강력 추천할 수 있는 프로그램입니다.

KnotPlot

Mac, Windows용

www.knotplot.com

이 프로그램을 이용하면 수학적 형태의 거의 모든 매듭을 만들 수 있습니다. 수학 매니아들을 위해 만들어지기는 했지만, 매듭들이 매우 아름다우며 학생들이 수학의 한 분야에 대해 좀 더 탐구할 수 있게 해 준다는 것만으로도 큰 의미가 있습니다. 이 프로그램의 가장 큰 장점은 작업이 끝난 후 바로 STL 파일로 변환할 수 있으므로 별도의 작업이 필요 없다는 것입니다. 작업이 끝난 매듭을 금속 소재로 제조하면 자신만의 장식품으로도 사용할 수 있습니다. 금속 재질로 인쇄하여 배송해 주는 서비스는 www.repliforminc.com/RePliKote.com 등이 있습니다.

MeshLab

Mac, Windows, Linux용

meshlab.sourceforge.net

Sculptris에서 설명했듯이, 어떤 경우에 3D 이미지가 OBJ 파일로 저장되기 때문에 인쇄를 위해서는 STL 파일로 변환해야 합니다. MeshLab을 이용하면 이러한 작업을 손쉽게 할 수 있으며 인쇄에 적합하도록 일부 데이터를 조정할 수도 있습니다. 이러한 최적화 과정을 거치며 인쇄가 완벽하게 될 수 있도록 모델이 가지고 있는 미세한 오류들을 깨끗하게 다듬어 주기도 합니다. 또한 각각 저장되어 있는 여러 개의 STL 파일을 한 번에 불러들여서 일체로 된 모델을 만들어 주거나 인쇄할 수 있도록 합니다. 특히 이 기능은 따로 저장된 부품 파일을 불러들여 다른 모델의 맞는 부품으로 수정해서 인쇄해야할 경우 매우 유용하고 이 책의 예제에서도 이 기능을 이용합니다.

이 외에도 많은 좋은 프로그램이 계속 만들어지고 있으므로 항상 관심을 가지시길 바라며, 가능하면 저자에게도 소개해 주시면 감사하겠습니다.(3D@knights-of-knowledge.com)

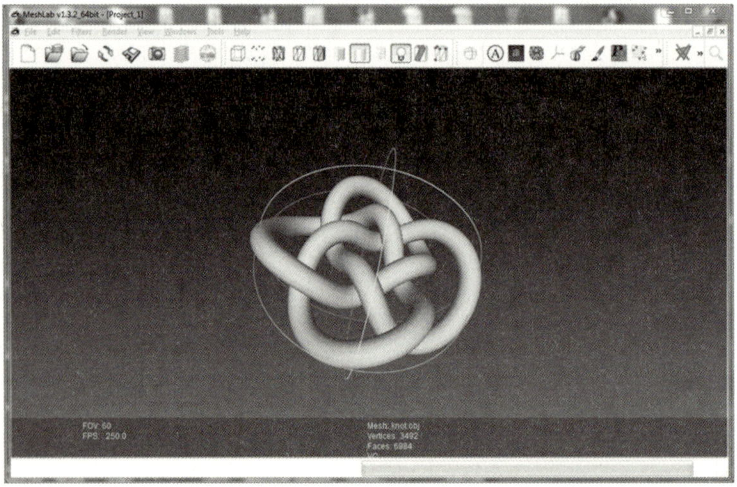

Step
2 대상물로부터 3D 이미지 획득

적당한 가격대와 신뢰성을 갖춘 3D 스캐너들이 시장에 출시되어 비전문가나 학교에서 활용되고 있습니다. 예를 들어 Makerbot digitizer(store.makerbot.com/digitizer)는 작은 물체를 쉽게 스캔할 수 있는 제품을 최근 미화 약 800 달러 수준의 가격으로 출시했습니다.

이 스캐너는 두 개의 레이저 빔과 회전판을 이용하여 모든 각도에서 대상물을 스캔하며 3D 프린터를 이용해 바로 출력할 수 있도록 STL 파일로 저장할 수 있는데, 스캐닝 과정은 약 12분 정도가 소요되며 정밀도는 약 2mm 수준입니다. 레이저 스캐너의 사용 시 가장 주의해야 할 점은 레이저빔이 사용자의 눈에 직접 닿지 않도록 적절한 위치에 놓아야 한다는 것입니다. 그 외의 유의할 점들은 기기의 매뉴얼을 통해 반드시 숙지하셔야 합니다.

스캐너가 없어도 입체를 스캔할 수 있습니다. 한 가지 방법은 디지털 카메라를 이용하여 여러 각도에서 대상물을 촬영하고 이를 123D Catch(www.123dapp.com/catch) 또는 VisualSFM (ccwu.me/vsfm)과 같은 소프트웨어에서 3D 모델로 만든 후 다시 STL 파일로 변환하여 인쇄하는 것입니다. 이런 방법으로 스캐닝이 가능하긴 하지만 실행하기에 그리 쉽지는 않습니다.

좀 더 간단한 방법은 Microsoft사에서 출시한 Kinect 기기를 컴퓨터에 연결하고 Scenect (www.faro.com/scenect/scenect) 소프트웨어를 이용하여 스캔하는 것입니다. 이 방법으로는 모델의 높은 해상도를 기대할 수 없으며 복잡한 후처리 작업을 반드시 해야 합니다.

3D digitizer를 그냥 처음부터 사용하는 방법을 가장 추천하고 싶은 이유는 다음과 같습니다. 어린 학생들이 클레이로 어떤 형상을 만든 경우, 일정 시간 후에는 부서져 보관이 힘들 수 있습니다. 하지만 클레이로 만든 모델을 스캔하여 플라스틱 재질로 인쇄한다면 그 활용 범위가 아주 넓어질 수 있습니다. Digitizer는 단지 클레이 모형을 플라스틱으로 인쇄할 수 있도록 해주는 역할을 하지만, 학생들 입장에서는 자신이 만든 형상을 후가공하며 색칠할 수도 있고, 수업 과제로 제출하거나 집으로 가져갈 수도 있으며 이러한 일련의 과정을 거치면서 창의성을 기를 수 있기 때문입니다.

좀더 전문가급 스캐너인 큐비콘 스캔 프로를 보면

Cubicon Scan Pro – 3D scanner specifications

Model: Cubicon 3DS-200D

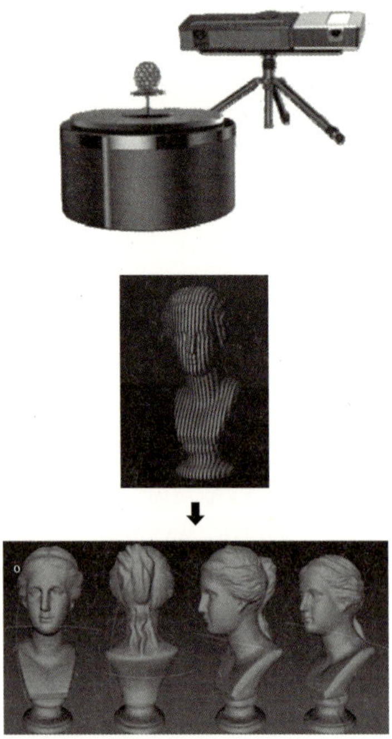

▶ Specification

Method : Structured Light

Motor-driven Turntable, 360º Scan Support, Diameter 200mm

Object Size : 80×80×80mm ~ 300×250×250mm

Object Scan : No usage of spray or power for scanning of black object.

▶ Other Spec

Camera 1.2M, Color, CCD, 1280×966

Projector DLP, 600 lumen, 1280×800

Working Range 400mm ~ 800mm

Scan Speed : 3 sec / Accuracy : 300μm

Auto Calibration using Turntable

▶ Features

Easy Setup / Auto Calibration / Auto 360º Scan / Auto Alignment

Auto Noise Removal / Focus/ Iris Setup Guide Function

Black Object Scan without 3D Scan Spray or Powder

Part 3

예제로 배우는 3D 모델링

예제 1

기어 보드

학습목표

플라스틱 기어로 구성된 보드를 디자인하고 제작하며 기어 설계의 수학적 배경을 학습합니다.

배경

기어 보드는 회전 운동의 기초를 교육하기 위해 많이 사용됩니다. 페그보드에 약 2.5cm마다 뚫려있는 구멍에 볼트를 체결하고 다양한 크기와 비율을 갖는 기어들을 구성한 후 볼트 중심에 맞추어 서로 맞물릴 수 있도록 크기를 조절해가며 디자인할 수 있습니다. 제작에 필요한 재료나 공구들은 철물점 등의 전문 취급점에서 구입할 수 있습니다.기어에 대해 알아두면 학생들이 로봇 관련 프로젝트 등을 진행할 때도 아주 유용하게 활용할 수 있습니다. Inkscape 소프트웨어를 사용하면 기어를 쉽고 정확하게 디자인할 수 있습니다.

차세대과학교육표준(NGSS) 기준

- 과목별 핵심주제 : 물리학, 공학
- 학습방법: 시행착오 및 실험

수학 핵심공통교육과정(CCSS) 연계

- 문제의 개념을 이해하고 끈기 있게 해결해야 함
- 추상적이고 정량적인 사고
- 수학을 이용한 모델화
- 적절한 도구의 체계적 활용
- 정밀도의 중요성에 대한 인식
- 구조적 특징을 찾아내고 이용하는 능력
- 반복적 추론을 통한 규칙성의 발견 및 표현

준비물

- 3/16″ 페그보드 (두께 약 5mm, 한 변의 길이 약 30cm)
- #12 스크류 10개 (나사 직경 약 5mm, 높이 약 2.5cm)
- #12 육각너트 10개

따라 해보기

1. Inkscape 소프트웨어를 다운받고 설치합니다.
2. OpenSCAD 소프트웨어를 다운받고 설치합니다.
3. Paths2openscad를 다운로드 받은 후 폴더 내용을 Program Files \ Inkscape \ share \ extensions에 복사합니다.
4. Meshlab 소프트웨어를 다운받고 설치합니다.

5 Inkscape를 시작합니다.

6 메뉴에서 **[확장기능 extensions]**을 누르고 **[렌더 render]**의 **[톱니 gear]**를 선택하면, 톱니 디자인을 위한 대화상자가 나타납니다.

7 톱니 개수를 설정합니다. 이 예제에서는 24개로 하겠습니다.

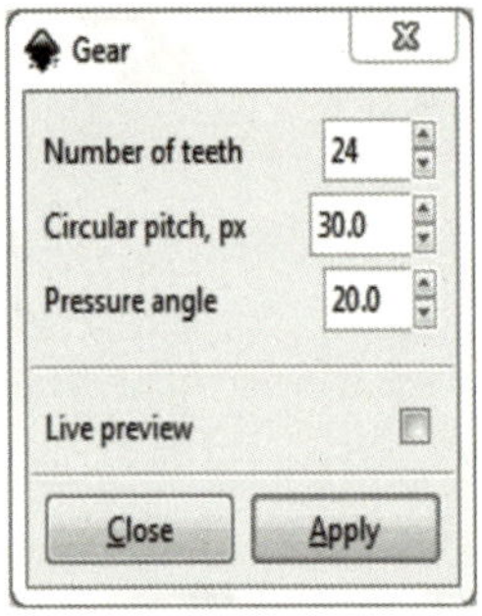

8 **[적용 apply]** 버튼을 눌러 설정을 적용하고, 톱니 대화상자를 닫습니다.

9 만들어진 기어를 마우스로 선택한 후, 우측 툴바의 확대 아이콘을 클릭하여 화면 크기에 맞는 크기로 조절합니다.

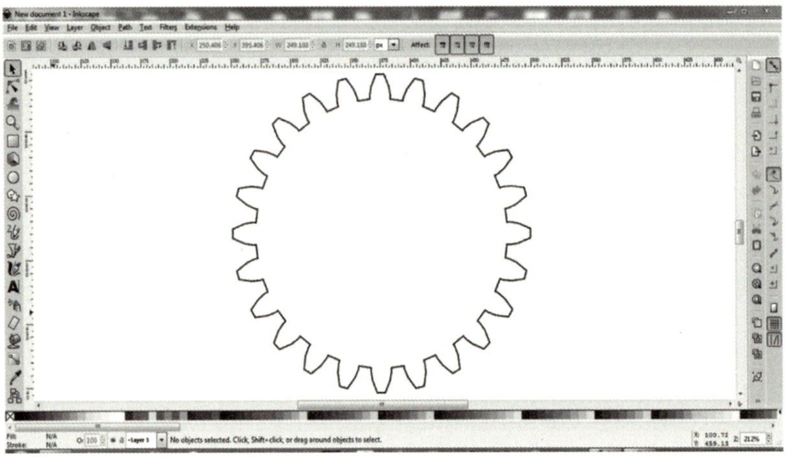

10 화면 하단의 팔레트에서 선택하여 원하는 색상으로 기어를 채웁니다. 색상은 지금 모델링에서 중요하지 않고 언제든 변경할 수 있습니다.

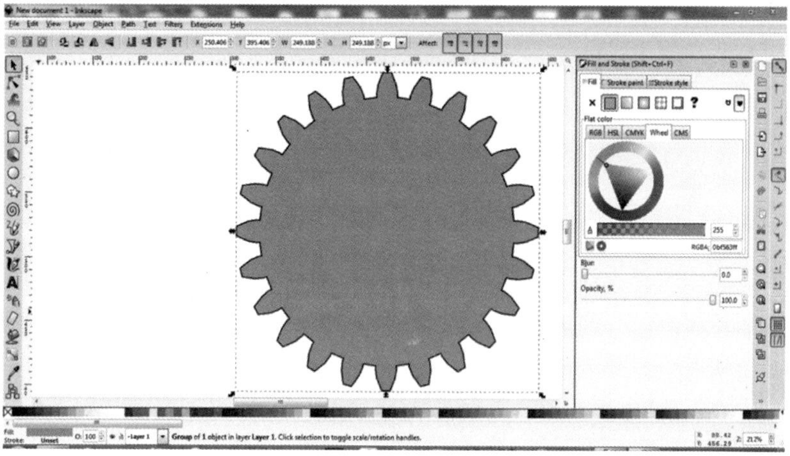

⓫ 약 2.5cm마다 뚫려있는 페그보드의 구멍에 맞춰져서 조립될 수 있도록 기어가 조합되어야 합니다. 따라서 기어들끼리 제대로 맞물리게 하려면 기어 직경이 페그보드의 구멍 간격보다 약간 크게 되도록 정해야 하며, 또한 페그보드 크기를 고려했을 때 너무 크지 않도록 설계해야 합니다. 경험적으로 약 1.075인치(약 30mm)의 크기가 가장 적당합니다. 먼저 기어를 선택한 후, 상단 툴바의 높이 및 너비 조정부에서 단위를 인치(in)으로 설정한 후 기어의 폭(W)을 원하는 값으로 입력합니다. 입력 시 비율이 고정되도록 열쇠모양의 잠금 버튼을 누르고 폭을 1.075인치로 설정합니다.

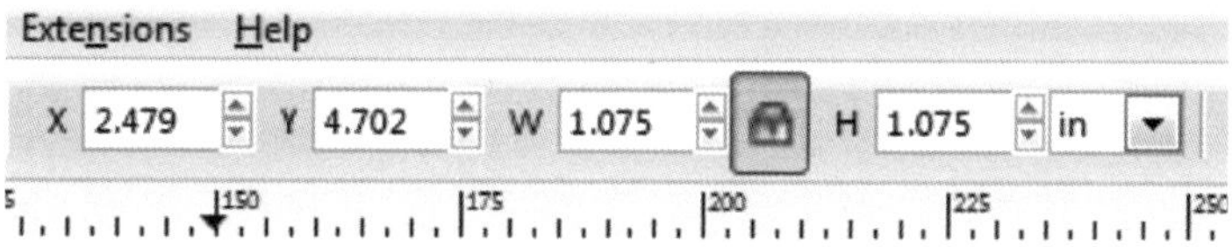

⓬ 다음 메뉴에서 **[객체 object]**를 누르고 **[그룹해제 ungroup]**를 클릭합니다. 이 작업은 다음번 단계를 위해 필요합니다.

⓭ 이제 기어 중앙에 모터축 등 다른 부품과 연결될 수 있는 구멍을 만들겠습니다. 그림과 같이 좌측 툴바에서 원 그리기 아이콘을 클릭하고 화면의 빈 작업공간에 작은 타원을 그립니다. 다음 단계에서 이것을 정확한 크기의 원으로 만들 것입니다.

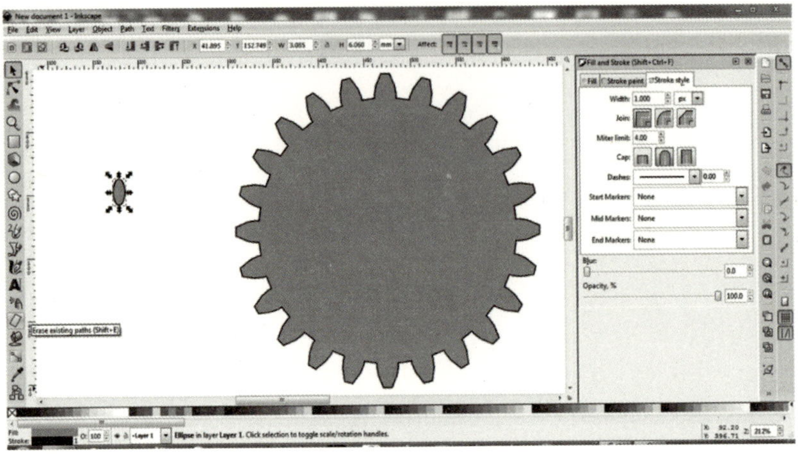

14 좌측 도구 모음의 제일 위쪽에 있는 화살표 모양의 선택 도구를 클릭하고 13번에서 그려진 작은 타원을 선택합니다. 화면 상단의 메뉴 바에서 잠금 상태를 해제하고 폭과 높이 입력칸에 같은 값을 입력하여 원으로 설정합니다. 예를 들어 #12 나사는 폭과 높이를 각각 0.25인치로 입력합니다.

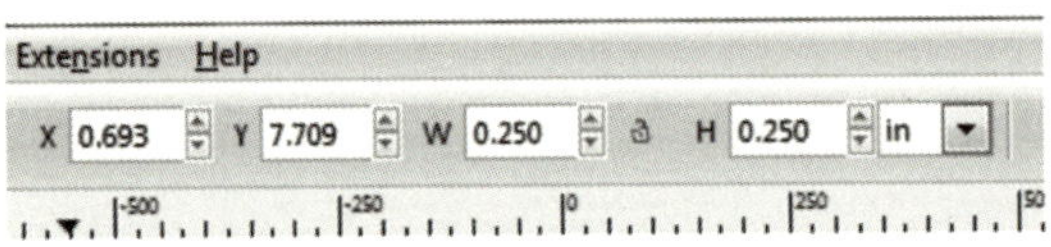

15 그리려는 원의 크기를 입력했으면 이 원을 기어의 위로 끌어서 기어의 중심부에 대강 맞추어 옮깁니다. 다음 단계에서 정확한 중심축을 맞추는 작업을 진행합니다.

16 원과 기어를 모두 선택한 후 메뉴에서 **[객체 object]**를 누르고 **[배열/정렬 align and distribute]**을 선택합니다. 대화상자가 나타나면 그림과 같이 첫 번째 열의 왼쪽부터 세

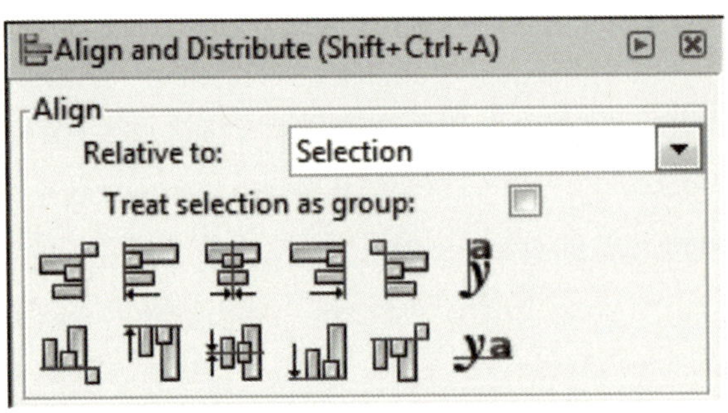

번째에 있는 **아이콘인 [수직 축 중심 맞추기]**를 클릭한 후, 바로 아래의 두 번째 열에 있는 **[수평 축 중심 맞추기]** 아이콘을 클릭합니다. 이제 기어와 원의 중심이 정확히 맞춰져 있음을 확인할 수 있습니다.

17 이제 기어의 중심부에 원의 크기와 같은 구멍을 만들겠습니다. 기어와 원을 모두 선택한 후 메뉴 표시줄에서 **[경로 path]**를 누르고 **[차 difference]**를 클릭합니다. 단축키로서 Ctrl키와 +키를 같이 눌러도 됩니다. 제대로 되었다면 기어의 정 중앙에 구멍이 만들어지게 됩니다. 이제 완성된 작업을 {mygears.svg}의 파일명으로 저장합니다.

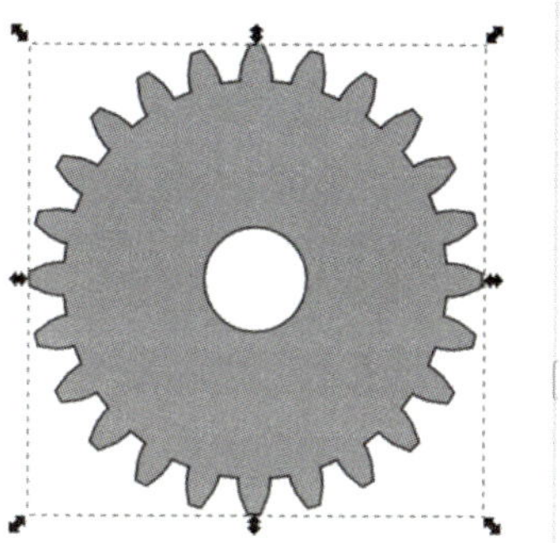

18 이렇게 완성된 기어를 한 번에 여러 개 인쇄할 수 있도록 4개 정도 복사하여 붙여넣기를 합니다. 이제 이 기어들을 3D 프린터로 인쇄하기 용이하도록 기어 사이에 약간의 여유 공간을 두어 배치시킵니다.

19 이제 2차원의 기어 그림들을 3D 프린터로 인쇄할 수 있도록 3D로 돌출시키겠습니다. 먼저, 단축키로서 Ctrl키와 A키를 동시에 누르거나 마우스로 화면에 있는 모든 기어들을 선택합니다. 그리고 메뉴 표시줄의 **[확장기능 extensions]**을 클릭하고 **[경로로부터 생성 Generate from Path]**에서 **[Paths to OpenSCAD]**를 선택합니다. 대화상자가 나타나면 돌출하려는 두께를 그림과 같이 설정할 수 있으며, 예제에서는 5mm를 입력하고, 출력파일은 **[~/바탕화면/gear.scad]**로 선택한 후 **[적용 apply]**을 클릭하고 대화상자를 닫습니다. 이제 OpenSCAD 소프트웨어에서 호환되는 포맷으로 설정되었으며, Inkscape는 이제 종료하여도 됩니다.

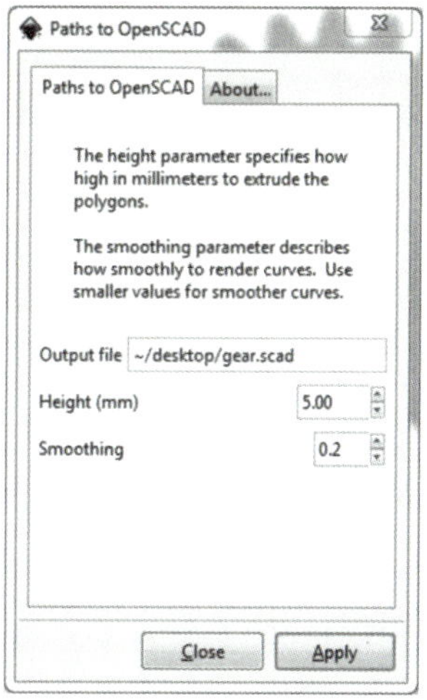

20 이전 단계에서 생성시킨 OpenSCAD 파일을 열면 이미지가 아닌 프로그램과 같은 텍스트 문장들이 나타납니다. 그림을 보기 위해서는 메뉴에서 **[디자인 Design]**을 누르고 **[컴파일 & 렌더 Compile and Render]**를 선택하거나 단축키로서 F6을 누르면 지금까지

디자인한 3D의 기어가 그림에서와 같이 나타나게 됩니다. 화면 오른쪽에 나타나는 기어를 마우스로 돌리면서 다양한 각도에서 확인할 수 있습니다.

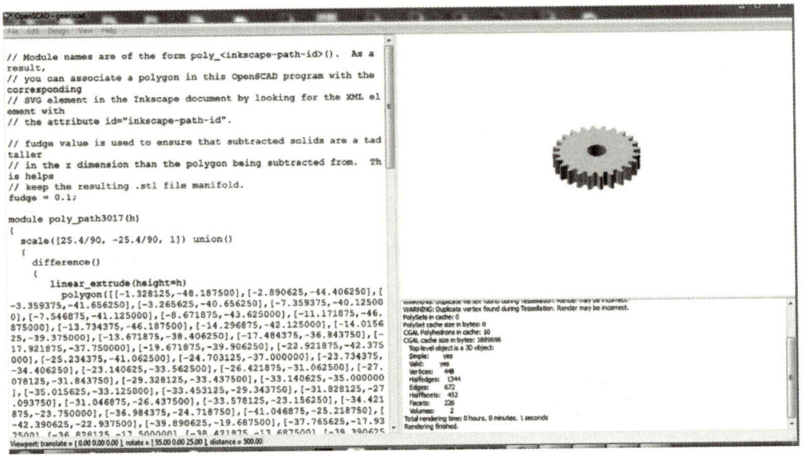

21 마지막 단계로서, 3D 프린터로 인쇄할 수 있는 STL 파일을 만들겠습니다. 이를 위해 메뉴 표시줄에서 **[디자인 Design]**을 클릭한 후 **[STL 파일로 내보내기 Export as STL]**을 선택합니다. 파일명을 지정할 때는 파일을 쉽게 찾을 수 도록 바탕화면에 {gears.stl}으로 저장합니다. STL은 광조형법(stereolithography)의 약어로 3D 프린터를 작동시키기 위해 전송되어야 하는 파일 포맷입니다.

이 예제는 많은 단계로 구성되어 있습니다만 연습을 통해 소프트웨어의 사용법에 익숙해지게 되면 점점 더 빨리 기어 모형을 설계하고 인쇄할 수 있을 것입니다.

남은 작업 및 일러두기

- 기어는 시계를 비롯하여 자동차 등에 이르기까지 우리 생활 곳곳에서 다양하게 사용되고 있습니다. 기어의 구동 원리를 이해하는 가장 좋은 방법은 스스로 다양한 크기의 기어들을 만들어 맞물려 보고 움직이는 과정을 관찰하는 것입니다. 이제 남은 작업들에서는 설계된 기어 디자인을 수정 변경함으로써 새로운 디자인을 만들고 이를 출력하는 연습을 하게 됩니다.
- 먼저 같은 크기의 기어들이 맞물려 있는 패턴을 조립한 후, 기어를 움직여 보며 회전 방향을 관찰합니다.
- 이제 서로 다른 크기의 기어들이 맞물린 패턴을 조립해 봅니다. 맞물려 쌍을 이루는 기어들의 톱니수를 기록하고 큰 기어가 한 바퀴 돌 때 작은 기어의 회전수를 관찰한 후 기어의 톱니수와 회전수의 관계를 생각해 봅니다. 이를 위해 각 기어마다 톱니 하나에 컬러 스티커 등으로 표시해 놓으면 쉽게 계산할 수 있습니다.

예제 2

가방 태그 I

학습목표 이름이 새겨진 가방용 명찰 태그를 만들어 보세요.

배경

3D 프린터는 크기가 작은 개인용품을 만들기에 아주 적합합니다. 이 예제를 통해 아이들이 매일 쓰는 물건들을 직접 만들 수 있도록 합니다.

차세대과학교육표준(NGSS) 기준

- 과목별 핵심주제 : 공학
- 학습방법: 시행착오와 실험

수학 핵심공통교육과정(CCSS) 연계성

- 해당 없음

따라 해보기

1. Inkscape를 실행합니다.
2. 좌측 툴바의 원 생성아이콘을 이용하여 가방 태그가 될 타원을 하나 그립니다. 이 타원의 색은 화면 하단툴바의 색상 표시줄에서 선택할 수 있습니다 (실제로 만들 수 있

는 색상은 사용할 3D 프린터의 유색 플라스틱 재료에 따라 다를 수 있습니다).

3. 우측 툴바에서 작업창에 작업객체에 맞게 확대(Zoom to fit drawing in window) 아이콘를 클릭합니다.

4. 타원의 크기를 조절하려면, 좌측 툴바 상단에 있는 선택 도구에서 화살모양을 선택한 후 크기를 조절할 타원을 클릭합니다. 선택한 타원의 테두리를 늘이거나 줄여서 크기를 바꿀 수 있습니다.

5. 상단 툴바 X, Y, W, H의 각 방향 치수와 단위가 표시된 사각형에서 단위를 **mm(밀리미터)**를 선택하십시오. 기본 설정은 픽셀(pixel)을 뜻하는 px로 되어 있습니다. 변경 후에는 다른 모든 숫자들이 새 단위에 맞춰 자동으로 바뀌게 됩니다.

6. 폭과 높이를 조절합니다. 폭은 90mm 또는 그 이하로 하십시오. 높이 역시 90이 넘지 않도록 합니다. 폭을 조절하면 높이도 바뀌게 됩니다. 각 치수를 직접 기입하여 바꿀 수도 있습니다. 이 경우 기입한 치수에 맞게 타원의 모양도 자동으로 바뀝니다. 마찬가지로, 타원 모양을 마우스로 조절하면 치수의 숫자도 바뀌게 됩니다.

7. 타원의 바깥 영역을 클릭하고 좌측 툴바의 원 생성아이콘을 사용하여 원을 하나 그립니다. 이 원은 만들어질 태그를 가방에 매달 수 있도록 끈을 묶기 위한 구멍이 됩니다.

8. 좌측 툴바의 화살표모양의 선택아이콘을 클릭한 후 2번에서 그린 타원을 클릭하여 선택한 다음 구멍의 폭과 높이를 조절합니다. 보통 5mm 정도가 적당합니다.

9. 7번에서 그린 원을 타원 위에 겹쳤을 때 보일 수 있도록 원의 색상을 변경합니다.

10. 원을 마우스로 드래그 하여 타원 위의 적당한 위치로 옮깁니다.

11. 정렬 등의 조정 작업을 위해 원을 선택하고 Shift 키를 누른 상태로 타원을 클릭합니다.

12. 메뉴에서 **[객체 object]**를 선택합니다. 그 다음 **[배열/정렬 align and distribute]**를 선택하거나 Shift-Ctrl-A 단축키를 누릅니다. 이렇게 하면 **[배열/정렬 align and distribute]** 대화상자가 화면 우측에 열리게 됩니다.

13. 다음, 두 번째 줄의 좌측에서 세 번째 위치에 있는 수평축 맞춤 아이콘를 클릭합니다. 이렇게 하면 원이 타원의 중심축 상에 정렬됩니다.

14. 11번에서 한 방법으로 두 오브젝트를 모두 선택한 후 **[경로 path]** 메뉴에서 **[차 difference]**를 선택하면 **(또는 Ctrl–)** 타원형 태그에 구멍이 생기게 됩니다.

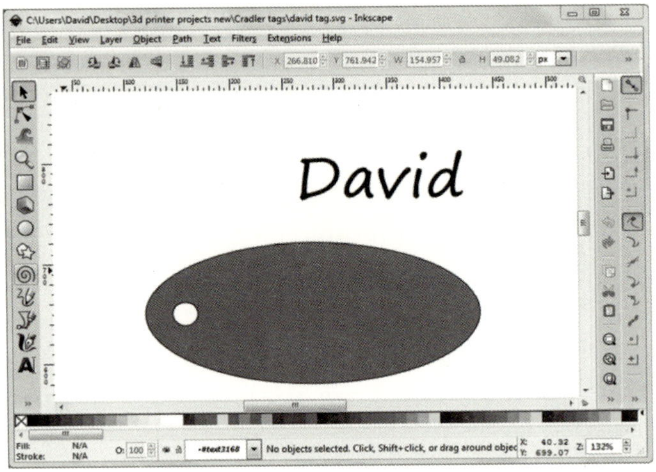

15 작게 보기로 화면에 공간을 더 두고 싶을 경우에는, 마이너스(-) 키를 누릅니다. 크게 보기를 하려면 플러스(+) 키를 누릅니다.

16 타원의 바깥쪽을 클릭한 후 좌측 툴바의 텍스트 도구(대문자 A) 아이콘 클릭한 후 태그에 새겨질 이름을 입력합니다. 폰트와 크기를 변경하려면, 작성된 이름을 클릭하고 상단의 메뉴 표시줄에서 원하는 폰트와 크기를 선택합니다. 굵은 글씨체를 쓸 경우 출력물이 가장 잘 인쇄됩니다. (여러 가지 글씨체를 바꿔가며 가장 잘 맞는 글씨체를 찾아보십시오.)

17 입력한 이름이 가방 태그에서 어떻게 보일지 알고 싶은 경우 선택 (화살표) 아이콘을 이용하여 이름을 선택한 후 타원 위로 옮깁니다. 마음에 드는 크기가 될 때까지 조절할 수 있습니다. 확대/축소 시 비율을 유지하고 싶으면 화면 상단에 있는 너비와 높이 상자의 사이에 있는 작은 자물쇠 단추를 클릭하면 됩니다. (성과 이름만 쓰는 경우가 디자인 배치상 가장 좋습니다. 태그 위에 쓰는 글자는 두 줄이 넘지 않도록 하는 것이 좋으며, 이름만 쓰는 경우가 가장 보기 좋습니다).

18 작업이 끝나면 이름을 타원 바깥쪽으로 끌어 옮깁니다.

19 Inkscape에서 그리는 그림 중 돌출되는 형상은 도형만 가능합니다. 문자를 도형으로 바꾸기 위해서는 먼저 문자를 선택한 후 **[경로 path]** 메뉴에서 **[객체를 경로로 object to path]**를 선택합니다. (가장 첫 메뉴이며 Shift-Ctrl-C로도 가능합니다). 이렇게 하면 문자로 쓴 이름이 도형으로 변환됩니다.

20 작업을 저장하세요. {yournametag.svg}이름으로 컴퓨터에 저장합니다.

21 이제 OpenSCAD로 내보낼 준비가 되었습니다. 이 때 태그와 이름 두 객체를 따로 내보내게 되는데, 객체 이름을 각각 다르게 하도록 주의해야 합니다.

22 태그를 선택하고 메뉴의 **[확장기능 extensions]** 메뉴로 가십시오. **[경로로부터 생성 Generate from path]**과 **[OpenSCAD로 보내기 Path to OpenSCAD]**를 선택하면 이름 설정 대화상자이 나타납니다. 이름을 {~desktop/tag base.scad}로 지정합니다. 높이를 5mm로 입력합니다. [스무딩 Smoothing]은 기본 설정인 0.2로 하십시오). **[적용 apply]**을 누르고 대화상자를 닫으십시오.

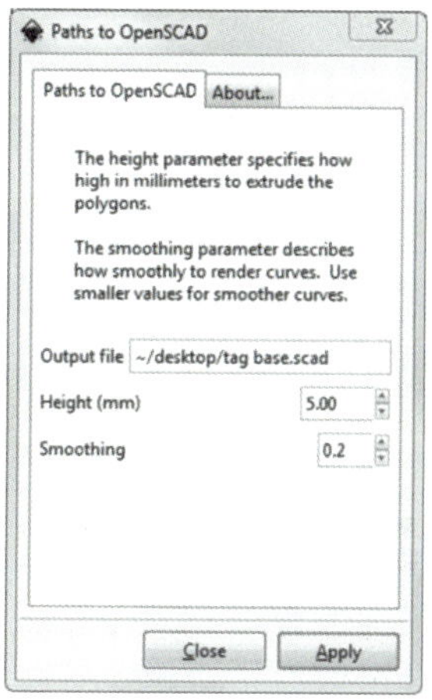

23 이름도 같은 작업을 반복합니다. 이름을 선택하고 **[확장기능 extensions 메뉴에서 [경로로부터 생성 Generate from path]**과 **[OpenSCAD로 보내기 Path to OpenSCAD]**를 선택합니다. 이름 설정 팝업창이 뜨게 되면 파일 이름을 [~/desktop/yourname.scad]로 입력합니다. 높이를 3mm로 조정하고 ([Smoothing]은 기본 설정인 0.2로 하십시오). **[적용]**을 누르고 창을 닫으십시오.

24 Inkscape를 종료하면 .svg 파일과 두 개의 .scad 파일이 컴퓨터에 저장된 것을 볼 수 있습니다.

25 .scad 파일 중 하나를 더블클릭하고, OpenSCAD를 실행하고 메뉴에서 **[디자인 design]**을 선택한 후 **[컴파일 & 렌더 compile and render]**(또는 F6단축키)를 누릅니다. 이제 Inkscape에서 그린 객체를 볼 수 있고 마우스로 회전시키면서 다양한 각도에서 어떻

게 보이는지 알 수 있습니다. 렌더링 과정 도중에 객체 아래쪽에 오류 메시지가 나타날 수 있으나 무시하셔도 됩니다.

26 **[디자인 design]** 메뉴로 돌아가서 **[STL로 내보내기 export as STL]**를 선택합니다. 저장할 위치를 선택하고 저장합니다.

27 다른 또 하나의 .scad 파일에 대해서도 똑같이 반복합니다.

28 OpenSCAD를 종료합니다.

29 사용 중인 컴퓨터에 STL로 출력한 파일들을 볼 수 있습니다.

30 Meshlab을 실행합니다.

31 상단 툴바에서 메쉬불러오기 아이콘을 클릭하여 STL 파일들을 Meshlab으로 읽어 들입니다. 두 개의 파일을 불러왔지만 이름은 보이지 않을 수 있습니다. 높이가 똑같은 태그 몸체에 가려져있기 때문입니다. Meshlab으로 파일을 불러들이면 OpenSCAD에서 처리되지 않았던 불필요한 부분들까지 모두 정리가 됩니다. 이것은 아주 유용한 기능이고 최종적으로 프린터로 출력했을 때 깔끔한 모양을 얻을 수 있도록 합니다.

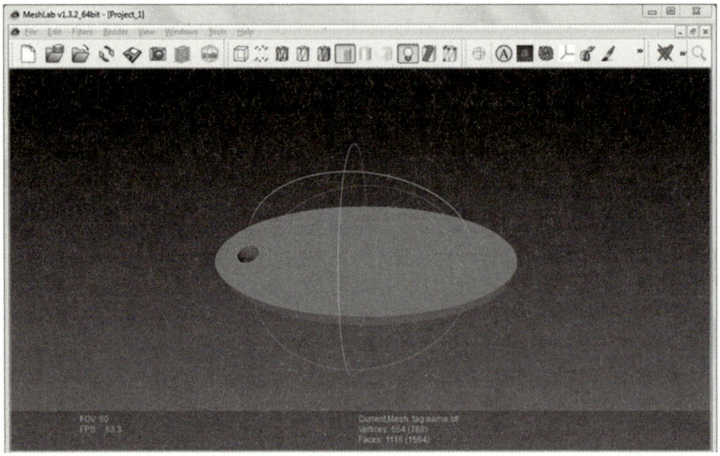

32 이제 글자가 태그 위쪽으로 돌출되도록 할 수 있습니다. 상단툴바의 오른쪽에 있는 좌표계 모양의 아이콘을 누르면 대화 상자가 나타나고 많은 기능들 중에 변형(translation)기능을 볼 수 있습니다. T 키를 누르고 마우스를 수직 화살표 방향으로 드래그 하여 문자가 적당한 높이가 될 때까지 조절할 수 있습니다. 그리고 문자를 좌우

로 옮겨서 태그의 중심에 맞출 수도 있습니다. 좌표계 아이콘을 다시 누르면 대화 상자가 닫히게 되는데, 닫기 전에 변형시킨 내용을 저장하십시오.

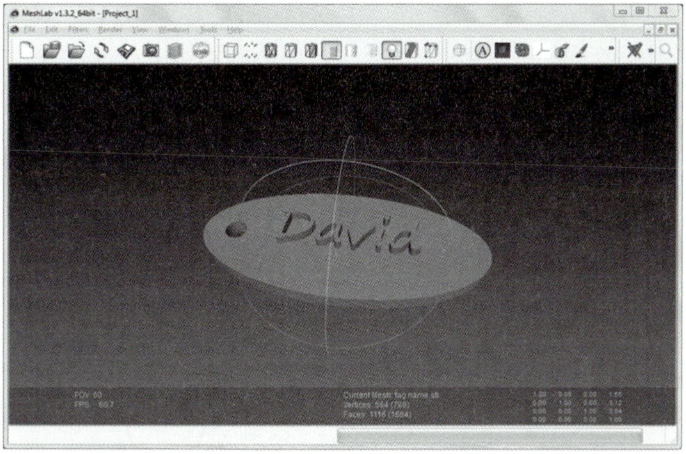

33 화면으로 보면 태그가 완성된 것처럼 보이지만, 사실 그 이미지는 본체와 이름이 서로 분리되어 있는 별개의 부분들로 되어 있습니다. 따라서 프린터로 인쇄하기 위해 파일을 내보내기 전에 반드시 이 둘을 합쳐서 하나로 만들어야 합니다. 이 작업을 위해, 상단 툴바에서 카메라 모양 오른쪽에 있는 종이 뭉치 모양의 아이콘을 누르십시오. 그러면 화면의 오른쪽에 새 창이 열리면서 각 레이어의 정보가 나타나게 됩니다.

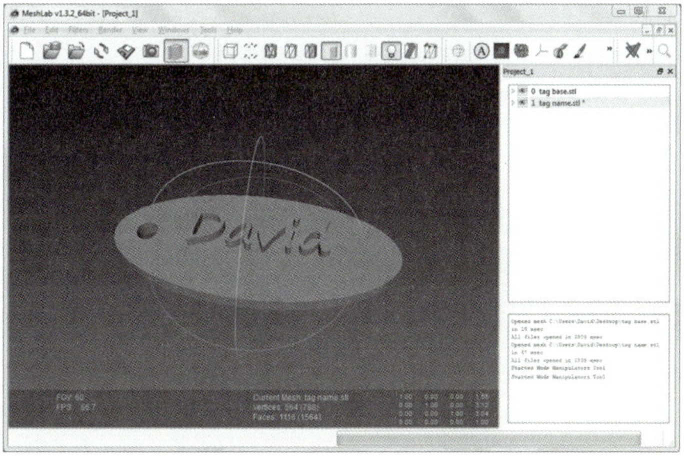

34 나타난 레이어 이름 위에서 마우스의 오른쪽 버튼을 클릭하면 선택 사항들이 나타나는데, 그 중 이미지 합치기(flatten the image) 를 선택하면 떨어져 있던 이미지들이 하나로 합쳐지게 됩니다. Meshlab은 이 작업을 실행하면서 중복된 영역 등을 제거하는 등 최종 이미지를 깨끗하게 합니다.

35 도구표시줄의 디스크 모양 아이콘을 클릭하여 작업한 이미지의 파일을 STL 파일로 내보낸 후 태그를 인쇄합니다.

남은 작업 및 일러두기

- 이 예제는 소프트웨어의 기본적인 사용법을 익힐 수 있도록 구성되었으며, 다른 장의 많은 예제에서도 쓰이게 됩니다.
- 모든 글씨체가 3D 프린팅에서 잘 출력되는지 확인해보세요.
- 가장 적당한 글씨체를 찾아보세요.
- 태그의 색과 이름의 색을 다르게 출력하고 싶은 경우 어떻게 할 수 있는지 생각해보세요.

예제 3

가방 태그 II

학습목표 Tinkercad를 사용하여 이름이 새겨진 가방용 명찰 태그를 만들어 보세요.

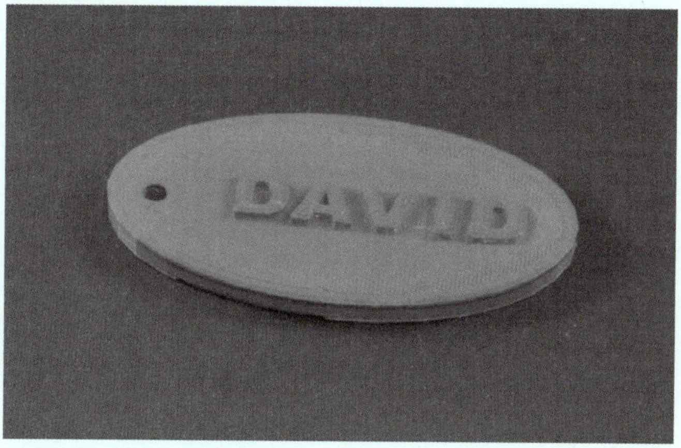

배경

예제 2에서 Inkscape, OpenSCAD와 Meshlab을 사용하여 가방 태그를 만들었습니다. 이 예제는 클라우드 기반 프로그램인 Tinkercad를 이용하여 비슷한 태그를 만들어 봅니다.

차세대과학교육표준(NGSS) 기준

- 학습방법: 시행착오와 실험

수학 핵심공통교육과정(CCSS) 연계성

- 해당 없음

따라 해보기

1. www.tinkercad.com에서 Tinkercad를 실행합니다.
2. 계정이 있는 경우 로그인하고 신규 사용자인 경우 가입하여 계정을 만듭니다.
3. 새 디자인을 생성합니다. Tinkercad는 사용자의 디자인에 자동적으로 이름을 부여합니다.
4. 태그 본체를 만들기 위해 원통 모양을 클릭한 후 작업공간의 중심부로 끌어 옵니다.

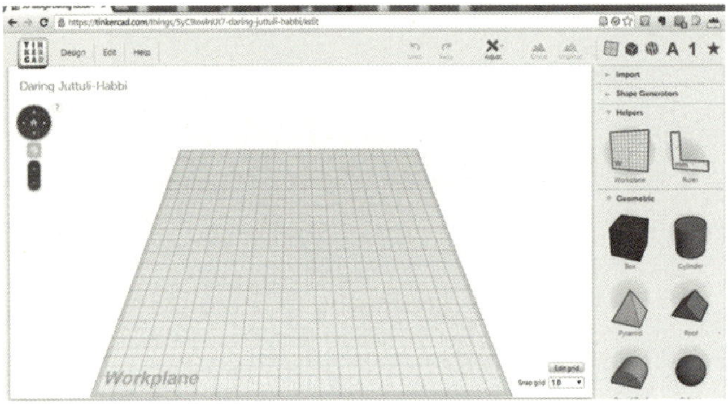

5. 원통 하단부의 사각 상자를 드래그 하여 폭 90mm, 깊이 50mm인 타원을 만듭니다.

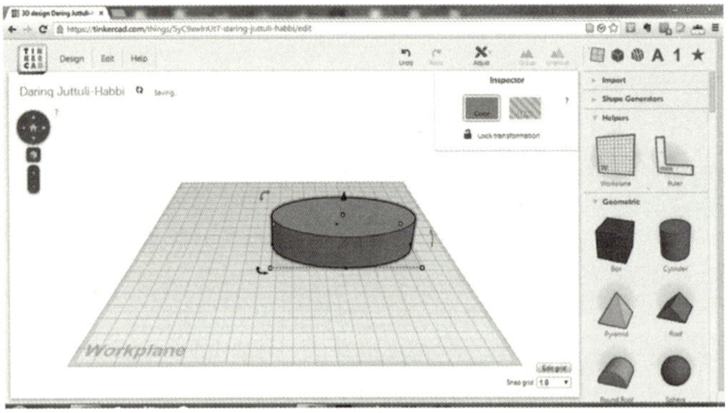

6 태그의 두께를 변경하려면 원통 윗면 중앙부의 흰색 사각 상자를 클릭하고 끌어서 높이 5mm로 조절합니다.

7 태그에 새겨질 이름을 만들기 위해 작업 중인 창의 우측 상단에 있는 버튼을 클릭합니다. 그러면 입체 모양의 글자가 보입니다. (Tinkercad에서는 아직 글씨체를 선택할 수 없습니다.)

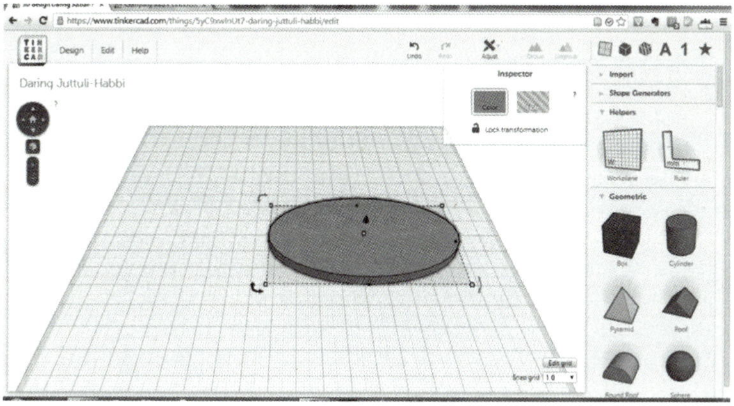

8 넣고 싶은 글자들을 하나씩 끌어와서 작업공간의 빈 곳에 이름을 만듭니다. 띄어쓰기나 중심 맞춤 등은 나중에 조절할 수 있으므로 무시합니다.

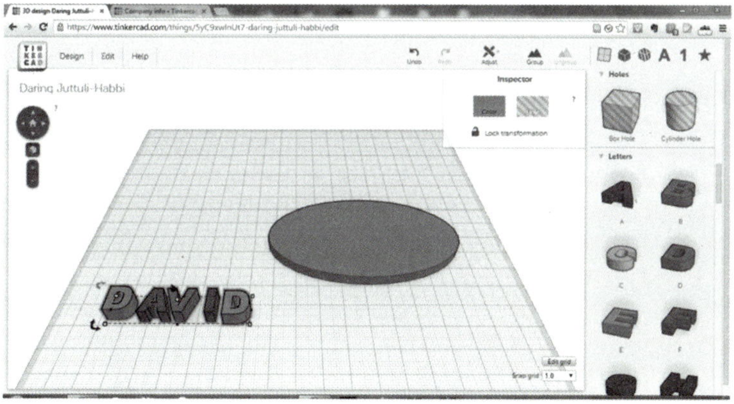

9 모든 글자들을 선택한 후 글자들의 상단에 있는 흰색 상자를 이용하여 글자들이 태그의 윗면에서 돌출될 수 있도록 4mm에서 7mm 사이의 두께로 조절합니다.

10 글자가 선택되었으면 화면 상단의 조절아이콘 버튼을 눌러서 정렬을 선택합니다. 그러면 수직과 수평 방향으로 많은 점들이 생기게 됩니다. 마우스를 글자의 좌측 하단에 있는 점 위를 움직이면 글자의 색이 변하게 되고 그 점을 클릭하면 글자들을 상하 방향으로 정렬할 수 있습니다.

11 선택된 글자들을 태그 위에 넣기 희망하는 위치로 끌어 놓을 수 있습니다. 그리고 글자 선택을 해제합니다.

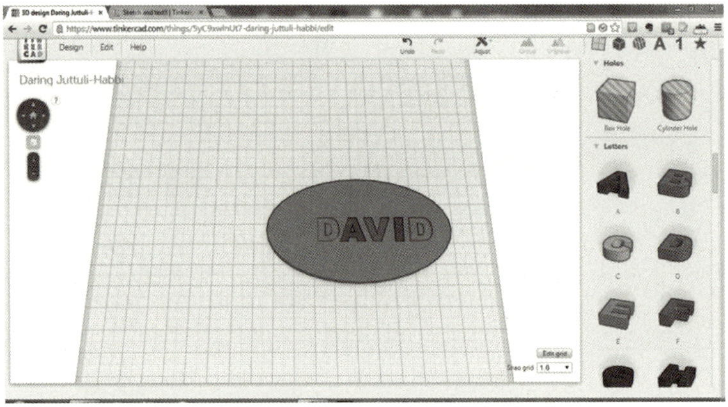

12 한 번에 한 글자씩 선택하고 좌우 화살표 키를 이용하여 글자들을 가장 적당한 위치로 이동합니다.

13 태그에 구멍을 내기 위해 또 하나의 원통을 작업공간으로 끌어온 후 직경을 5mm로 만듭니다. 구멍이 될 것이므로 높이는 조절하지 않아도 됩니다.

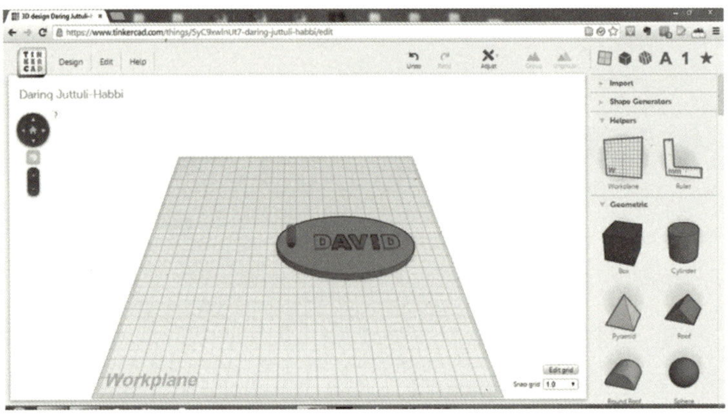

14 작업공간의 우측 툴바의 (**인스펙터** inspector) 대화상자에서 [**홀** hole] 스타일을 클릭합니다.

15 완성되었습니다. 디자인 메뉴를 클릭하고 [3D **프린팅용으로 다운로드** download for 3D Printing]를 선택하여 STL 파일을 저장합니다. 저장된 후에는 {Tinkercadtag.stl}처럼 기억하기 쉽도록 파일 이름을 바꿔줍니다.

Meshlab에서 파일을 열면 태그가 어떻게 생겼는지 볼 수 있습니다. 색상은 단지 디자인을 할 때 보기 편하도록 설정된 것이었기 때문에 Meshlab에서 보면 설정되었던 색상이 모두 없어진 것을 알 수 있습니다.

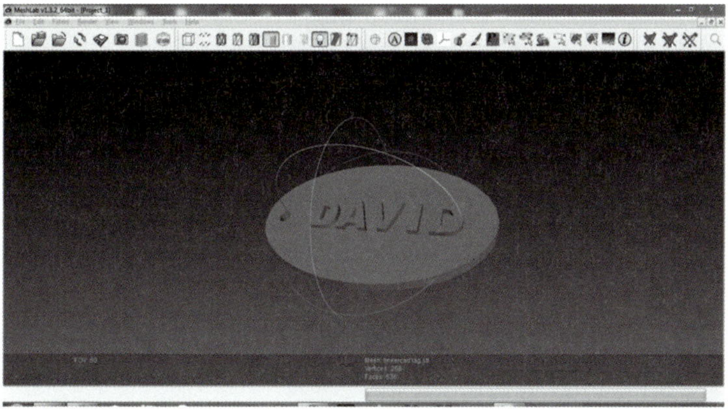

남은 작업 및 일러두기

- Inkscape와 OpenSCAD를 이용하여 가방 태그를 만드는 방법과 비교하고 어느 방법이 더 쉬운지 생각해봅니다.
- 각 방법들이 갖는 장단점을 이야기합니다.

예제 4

칠교놀이

학습목표 칠교놀이 세트를 직접 디자인하고 만들어 보세요.

배경

칠교놀이는 수백 년 전부터 전해오는 퍼즐 놀이로 잘 알려져 있으며, 저렴한 가격의 칠교놀이 세트를 쉽게 구할 수 있습니다. 칠교놀이 한 세트는 이등변 삼각형 다섯 개, 사각형 한 개, 평행사변형 한 개로 총 일곱 개의 조각으로 구성되어 있습니다. 칠교놀이 퍼즐은 일곱 개의 조각을 겹치지 않으면서 모두 사용하여 주어진 모양을 완성하면 끝나게 됩니다.

이 퍼즐 세트를 직접 디자인해보면, 타일들 간의 기하학적인 관계에 대해 만들어져 있는 세트로부터 얻는 것과는 또 다르게 직접적으로 느낄 수 있습니다. Inkscape에서 부품들을 디자인할 때, 모두 한 번에 프린트될 수 있도록 정사각형 안에 모두 들어갈 수 있도록 하는 것이 가장 좋습니다.

차세대과학교육표준(NGSS) 기준

- 과목별 핵심주제 : 공학
- 학습방법: 패턴 인식

수학 핵심공통교육과정(CCSS) 연계성

- 문제의 개념을 이해하고 끈기 있게 해결해야 함
- 추상적이고 정량적인 사고
- 수학을 이용한 모델화
- 적절한 도구의 체계적 활용
- 정밀도의 중요성에 대한 인식
- 구조적 특징을 찾아내고 이용하는 능력

따라 해보기

1. Inkscape를 실행합니다. 좌측 툴바 사각형 그리기 아이콘(F4 키)를 이용하여 10cm 정사각형을 그립니다. (상단 메뉴의 아래쪽에 있는 표시줄에서 밀리미터 단위를 선택합니다.) 아래 다음의 그림을 보고 먼저 삼각형들이 어떻게 배치되었는지 관찰합니다.

2. 사각형의 좌측 하단에서부터 삼각형을 그리기를 시작합니다. 삼각형의 수직과 수평선은 5cm로 길이가 같으며, **[베지어 선 그리기** draw Bezier curves and straight lines] (Shift-F6) 아이콘을 좌측 툴바에서 선택하여 삼각형을 그릴 수 있습니다. 먼저 정사각형의 변을 기준으로 하여 임의로 삼각형을 그립니다. 이 도구를 이용하려면 화면 아무 곳이나 클릭을 하여 삼각형의 첫 번째 꼭짓점을 만듭니다. 마우스를 약간 이동하여 두 번째의 꼭짓점을 만듭니다. 이 때 길이와 방향은 나중에 조절할 수 있으므로 지금은 무시해도 됩니다. 그리고 마우스를 아래쪽으로 움직여 세 번째 꼭짓점을 클릭합니다. 이제 첫 꼭짓점으로 다시 가서 (마우스가 꼭짓점 위로 가면 꼭짓점의 색이 변합니다) 클릭하면 삼각형이 만들어지게 됩니다. 지금은 길이와 각도가 전혀 맞지 않아도 상관없습니다.

3. 지금 그린 삼각형을 정사각형 안쪽으로 끌어와서 삼각형의 모서리가 정사각형의 좌측 하부 모서리에 정확히 닿도록 합니다.

4. 화면 좌측 툴바의 화살표를 선택하고 **[경로상 노드편집** edit paths by nodes] (F2) 아이콘을 이용하여 삼각형의 제일 위쪽 꼭짓점을 클릭한 후 끌어서 정사각형의 수직 모서리와 정확하게 맞춰지도록 합니다. 삼각형 우측 하부의 모서리에 대해서도 똑같이 반복합니다.

5. 화살표 아이콘을 클릭하고 상단 툴바에 나타나는 너비와 높이 설정 칸에 50mm를 각각 기입합니다. 이제 맞춰지지 않은 다른 모서리에 대해서도 똑같이 반복합니다.

6. 맞춤 작업이 끝났으면 폭과 높이가 50mm로 맞게 되었는지 다시 확인합니다.

7. 나머지의 다른 모든 삼각형들은 크기와 방향만 다를 뿐 지금 그린 삼각형과 모두 닮은 꼴입니다. 한 가지 어려운 작업은 삼각형을 45도로 회전시켜서 빗변이 정사각형의 모서리와 평행하도록 맞추는 일입니다.

8. 먼저 이미 그린 삼각형을 복사하고 붙여넣기를 하여 새로 만들어진 복사본을 클릭하여 선택합니다. 클릭 선택을 하면 모서리의 화살표가 회전 화살표로 바뀝니다.

9. 회전 화살표 중 하나를 마우스로 드래그하면 이미지가 임의의 각도로 회전하므로 이렇게 하지 마십시오. 약간이라도 회전되었다면 **[편집** edit]메뉴에서 **[되돌리기** undo]로 취소할 수 있습니다. 여기서 사용되는 팁은 **컨트롤**(Ctrl) 키를 누른 상태에서 회전시키는 것입니다. 이렇게 하면 회전 각도가 15도씩 변하므로 45도에 쉽게 맞출 수 있습니다.

10 이제 상단 툴바의 **[회전 rotate]** 선택 도구를 이용하여 시계방향 90도만큼 회전시켜 다음 그림과 같이 삼각 모자처럼 보이도록 합니다.

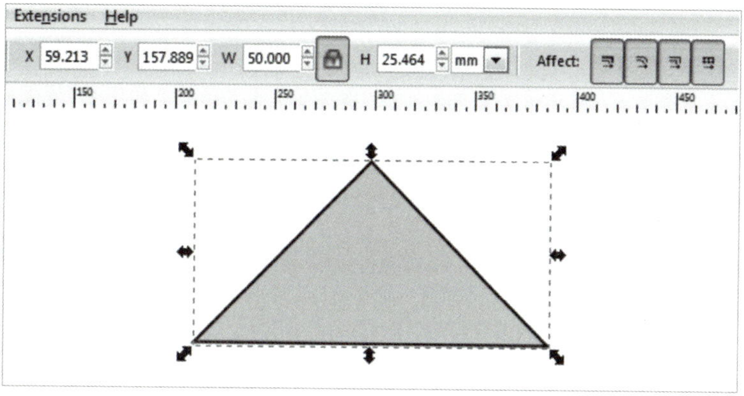

11 이 삼각형을 선택하고 너비(W)과 높이(H) 입력칸 사이에 있는 잠금 표시를 클릭합니다.

12 폭을 100mm로 설정합니다.

13 이 삼각형을 복제합니다.

14 이제 **[회전]** 선택 도구의 90도 회전을 이용하여 두 개의 큰 삼각형을 회전시켜서 정사각형의 위쪽과 오른쪽 모서리의 제자리에 맞도록 합니다.

15 작은 정사각형과 평행사변형, 그리고 두 개의 작은 삼각형 등 나머지 모양들은 모두 작은 삼각형 모양을 이용하여 만들어집니다. 따라서 작은 삼각형을 먼저 만들겠습니다.

16 우측 하단부의 삼각형부터 시작합니다. 상단부의 삼각형과 거의 같으나 배율이 다릅니다. 따라서 먼저 큰 삼각형을 복제한 후 밑변을 50mm로 조정한 후 사각형 우측 하단으로 옮깁니다.

17 이제 이 삼각형을 여러 개 복제합니다.

18 작은 정사각형은 삼각형 두 개를 합쳐서 만들 수 있습니다. 삼각형의 두 밑변이 잘 맞도록 키보드의 화살표를 이용하여 미세이동을 할 수 있습니다.

19 맞춰진 두 삼각형을 모두 선택한 후 **[경로 path]** 메뉴에서 **[합 union]**를 선택합니다. 이렇게 하면 두 삼각형이 한 조각으로 붙게 됩니다. 만약 합체 후에도 두 삼각형 사이의 경계선이 보인다면 합체 작업을 취소하여 되돌린 후 다시 맞추어야 하며, 두 삼각형을 합체한 후 경계가 보이지 않게 될 때까지 반복해야 합니다.

20 남아있는 삼각형을 정사각형의 옆쪽에 놓고 정사각형을 만든 방법과 같은 방법으로 평행사변형을 만들어 봅니다. 이번에도 역시 **[경로 path]** 메뉴의 **[합 union]** 도구로 삼각형들을 합체해야 합니다.

21 평행사변형을 제 위치에 놓기 전에, 예제를 시작할 때 가장 먼저 만들었던 가장 큰 정사각형을 삭제합니다.

22 마지막으로, 그려진 조각들 사이에 적당한 여백을 두어 인쇄했을 때 서로 잘 떨어질 수 있도록 합니다. 여백으로 적당한 간격은 정해진 값이 없습니다. 다음 그림처럼 적당히 간격을 두면 됩니다.

23 모든 조각들을 선택한 후 **[경로에서 OpenSCAD paths to OpenSCAD]** 도구를 이용하여 3~4mm 정도 돌출시킵니다. 이 정도 두께가 인쇄했을 때 가장 적당합니다.

24 3mm를 돌출시킨 3D 모델은 다음과 같습니다.

25 이제 STL 파일로 내보낸 후 칠교놀이 세트를 3D 프린터로 인쇄합니다.

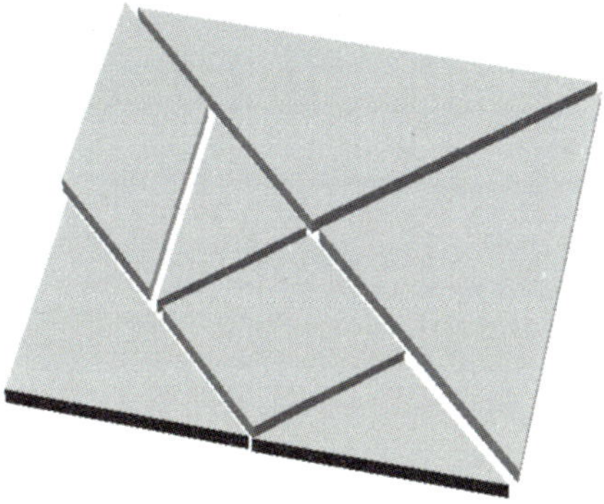

남은 작업 및 일러두기

- 온라인에서 칠교놀이 예제들을 찾은 후 이번 예제로 만들어진 세트를 이용하여 도전해 볼 수 있습니다.
  예를 들어 tangrams.ca/tangram-assorted 등에서 좋은 예제들을 얻을 수 있습니다. 어떠한 경우든 일곱 개의 조각들을 모두 사용하여 그림을 완성해야 합니다.
- 다른 조각들을 추가한다면 세트가 어떻게 바뀔까요?
- 새 조각들이 추가된 세트를 새로 만들어 다양한 형상을 만들어 보세요.
- 세트를 색상별로 인쇄한 후 섞어서 삼각형은 모두 같은 색으로 하고 나머지 모양들은 다른 색으로 만들면 아동들이 좀 더 집중하도록 만들 수 있고 도형 이름을 더 잘 구분하는데 도움이 됩니다.

예제 5

프로펠러 구동 자동차

학습목표 프로펠러로 구동되는 장난감 자동차를 설계하고 제작합니다. 이 예제는 3D 프린터로 만든 부품과 전기 모터, 모터를 구동할 배터리팩, 그리고 바퀴 축으로 사용할 못이 필요합니다.

배경

3D 프린터로 자동차나 보트 등 움직이는 것들을 만들 수 있습니다. 완성품의 성능은 많은 변수들에 달려있는데, 각각에 대해 검사할 수 있습니다.

차세대과학교육표준(NGSS) 기준

- 과목별 핵심주제 : 물리학, 공학
- 학습방법: 시행착오, 실험, 모델링

수학 핵심공통교육과정(CCSS) 연계성

- 문제의 개념을 이해하고 끈기 있게 해결해야 함
- 추상적이고 정량적인 사고
- 근거 있는 의견을 제시하고 다른 사람의 논리를 비평함
- 수학을 이용한 모델링
- 적절한 도구의 체계적 활용
- 정밀도의 중요성에 대한 인식
- 구조적 특징을 찾아내고 이용하는 능력

준비물

배터리를 제외하고 전기 재료는 아주 저렴하며 www.AllElectronics.com과 같은 온라인 전기 부품소에서 쉽게 구할 수 있습니다.

- AA 배터리 홀더(2개용)
- AA 배터리 2개
- 3볼트에서 구동되는 소형 DC 모터
- 2D 1인치 (직경 1mm 길이 2.5cm) 지붕용 못 (바퀴 축으로 사용되며 바퀴가 빠지지 않을 만큼의 머리 크기를 가짐)
- 글루건, 땜납, 납땜기, AWG 28 절연 전선. (전선 및 납땜기는 선택입니다.)

주의사항

이번 예제에는 납땜이 포함될 수 있으므로 반드시 보호자의 감독이 필요합니다. 접점부에 납땜 처리를 하면 좋지만, 배터리 접점부를 고정시킬 수 있는 다른 방법으로도 예제를 마칠 수 있습니다.

따라 해보기

이 예제는 Inkscape와 OpenSCAD 그리고 Meshlab을 이용하며, 세단계로 구성되어 있습니다.

가. 자동차 섀시(차대)의 디자인 및 제작

나. 프로펠러 디자인과 체결

다. 자동차 조립

가. 자동차 섀시의 디자인 및 제작

1. Inkscape를 실행합니다.
2. 자동차의 섀시는 배터리와 모터를 탑재할 만큼 충분히 커야 합니다. 보통 폭 5cm와 길이 9cm의 직사각형 모양이 적당합니다. 형상 설계 시 바퀴를 끼울 부분을 표시하는 것이 좋습니다.
3. 같은 도면상에서 바퀴 4개를 그립니다. 바퀴 크기는 어떤 크기이든 상관없으나, 이번 예제에서는 2cm로 하였고 각자 희망하는 크기의 바퀴를 만들어 실험해 보시길 바랍니다. 바퀴의 중앙부에 있는 구멍은 바퀴 축 대신 사용할 못을 끼울 수 있을 만큼 충분히 커야 하지만, 너무 클 경우 바퀴가 흔들거릴 수 있습니다. 구멍의 크기 역시 몇 번 시도하며 적당한 값을 찾아봅니다.
4. 파일 이름을 **[fan car.svg]**로 저장합니다.
5. 모터는 섀시에서 돌출된 기둥 부분 위에 놓일 것입니다. 기둥 모양을 폭 20mm 높이 18mm의 타원으로 하여 프로펠러 날개로의 공기 흐름이 방해받지 않도록 했습니다. 타원을 선택하고 메뉴의 **[확장기능 extensions]**에 있는 **[경로로부터 생성 Generate from Path]** 다음 **[경로에서 OpenSCAD Paths to OpenSCAD]**를 클릭하여 높이 25mm의 기둥으로 만듭니다. 만들어진 OpenSCAD 파일을 {pillar.scad}로 컴퓨터에 저장합니다.
6. 다음으로 섀시와 네 개의 바퀴들을 밀착시킨 후 OpenSCAD로 3mm만큼 돌출시킨 후 {chassis.scad}의 이름으로 내보내기를 합니다. 이 작업을 마치면 섀시와 바퀴를 저장

한 파일과 타원 기둥 파일 등 두 개의 파일이 남습니다.

7. 다음 단계는 Meshlab을 이용하여 섀시와 타원 기둥의 두 부분을 하나로 합쳐 디자인을 완성하는 것입니다.

8. Meshlab을 실행하고 **[임포트 import]** 메뉴를 선택합니다. 섀시와 바퀴 모델을 불러들이도록 STL 파일을 선택합니다.

9. 타원 기둥의 STL 파일을 불러들입니다. 기둥이 섀시로부터 튀어나온 것을 볼 수 있습니다. 그 다음 4개 화살표 모양의 변형(translate) 아이콘을 선택하여 기둥의 밑면이 섀시 내부에 약 1mm 정도만 묻혀 있도록 끌어 올립니다. 이렇게 하면 인쇄했을 때 기둥이 섀시와 완전히 일체로 됩니다.

10. 다음으로 그림을 위에서 보며 기둥을 섀시의 끝 쪽으로 옮긴 후 섀시 상하면의 중심에 기둥 중심을 맞춥니다. 얻어지는 결과는 다음의 그림처럼 보일 것입니다.

11. 마지막으로, 완성된 차체와 바퀴를 STL로 내보내기 합니다.

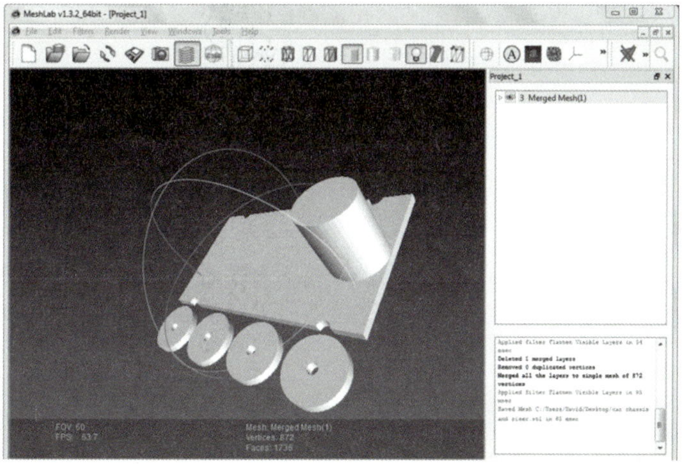

나. 프로펠러의 디자인과 제작

⓬ 프로펠러를 디자인하는 것은 쉽지 않으므로 www.thingiverse.com/thing:116410에 있는 모델을 이용하겠습니다. (이 웹사이트는 자유롭게 내려 받고 인쇄할 수 있는 3D 모델들의 놀랍도록 방대한 저장고입니다. 그리고 자기가 만든 디자인을 올릴 수도 있습니다.) 파일 다운로드가 끝나면 {propellerbetter2.scad} 파일을 바로 사용할 수 있습니다. SCAD 파일을 열면 좌측 패널에 나열된 변수들을 볼 수 있습니다. 이 SCAD 파일처럼 편집하기 쉽도록 되어 있는 모델은 변수의 값을 변경시켜 필요한 형태로 바꿀 수 있도록 되어 있어 파라메트릭 설계라 합니다.

```
//Parametric propeller using flat plates (with cylindrical end)
for fins
//There are probably better ways to do this.
//Creative Commons license.

fs=1;  //default $fs is 2, is the min facet size
fa=4;  //default $fa is 12, is # of degrees per facet
trad=23.5; //outerradius not counting outw. 23.5 good
outw=1.5; //outerwidth. 1.5 is good
nfins=3; //number of fins. Min # is 2, but 3 is better
rins= 5; //radius of coupling thing, 5 is good
tdepth = 3; //depth of prop. reduce if nfins is big, 3 good
fangle = 40; //angle of fins, 40 is good for printing
tfin = 1; //thickness of fins, 1 is good
```

⓭ 변경시켜가며 형태를 살펴봐야 하는 변수들은 다음과 같습니다. "trad"는 프로펠러의 외측 반지름을 뜻하며 40으로 설정되어 있습니다. "nfins"는 프로펠러 날개의 수를 말하며 6으로 되어 있습니다. "rins"는 날개가 중심에서 만나는 부분인 허브의 반경을 뜻하며 7로 설정되어 있습니다. (다른 프로펠러들도 조사해보시길 바랍니다.) 지금처럼 설정된 변수 값으로 컴파일하고 디스플레이하면 다음과 같은 그림이 그려집니다.

14 이 프로펠러의 유일한 단점은 중심부의 허브에 모터축을 끼울 수 있는 구멍이 없다는 점입니다. 드릴을 이용해 구멍을 낼 수도 있지만 처음부터 중심부에 딱 맞는 구멍을 가진 축받이를 디자인하는 것이 더 쉬운 방법입니다. 축받이란 작은 고리 형태로서 프로펠러의 허브와 모터를 연결하며 모터축이 끼워질 수 있는 부품입니다. 이 프로펠러 이미지를 {propeller.stl}이라는 STL 파일로 저장합니다.

15 Inkscape를 이용하여 지름이 1cm이고 모터축보다 아주 약간 작은 구멍을 가진 축받이를 디자인합니다. 모터축 직경이 2mm라면 구멍 직경은 1.8 또는 1.9mm로 하여 모터축을 끼울 때 꼭 맞도록 하면 됩니다. 이 이미지를 두께 3mm 정도로 하여 OpenSCAD로 내보내기를 합니다. OpenSCAD에서는 이미지를 컴파일한 후 {busing.stl}과 같은 STL 파일로 내보내기 합니다.

16 이제 프로펠러와 축받이가 하나가 되도록 매쉬(mesh)합니다.

17 Meshlab을 이용하여 각각의 STL을 불러오기한 후 프로펠러 밑으로 축받이가 충분히 보이면서 서로 분리되지는 않을 만큼 들어 올립니다.

18 **[이미지합치기 flatten the image]**를 실행한 후 합쳐진 매쉬를 {final propeller.stl}로 저장하고 인쇄합니다.

19 인쇄한 후 래프트(raft)라고도 하는 바닥 층을 제거해야 하는데, 이것은 거의 모든 디자인을 인쇄할 때 나타나게 됩니다. 제거 작업을 하면서 축받이에 가까워지면 부러지며 튀어나갈 수 있으므로 주의해야 하며, 만일 부러졌을 경우에는 글루건을 이용하여 제자리에 붙이면 됩니다.

다. 자동차 조립

20 자동차를 조립하기 위해 글루건으로 프로펠러와 모터축을 접착합니다. 4개의 바퀴를 각각 준비된 못에 끼운 후 섀시에 표시된 위치에 놓고 중심을 맞춘 후 글루건으로 접착합니다. 이때 바퀴가 돌아갈 수 있으면서도 섀시에 밀착되어 흔들리지 않도록 주의합니다. 다음으로 배터리 홀더를 타원 기둥 오른 쪽에 접착하고 모터는 프로펠러가 자동차 뒤로 향하도록 접착합니다.

21 배터리와 모터를 연결하여 프로펠러가 공기를 뒤쪽으로 불어내는지 확인을 합니다. 반대쪽일 경우 배터리 전극을 바꿔주면 됩니다. 배터리 전극과 모터의 전극 하나를 먼저 납땜합니다. 미끄럼식 스위치를 혹시 가지고 있다면 한쪽을 모터에 연결하고 다른 한쪽을 배터리에 연결하여 사용할 수 있습니다. 그렇지 않다면, 모터의 접점부에 배터리 팩의 미연결부를 묶어버림으로써 모터를 시동할 수 있습니다.

22 다 잘 되었다면, 모터가 돌면서 차가 앞으로 나아갈 것입니다. 잘 움직이지 않는다면, 바퀴가 부드럽게 잘 도는지 검사하고, 프로펠러 날개의 크기와 수를 바꿔가며 실험을 해보십시오. 이렇게 시행착오를 반복하는 것이 문제를 해결하는 데에 가장 효과적인 방법입니다.

남은 작업 및 일러두기

이 예제를 충분히 학습한 후, 새로운 자동차의 재설계 및 제작을 통해 디자인에서 성능을 가장 좋게 해주는 부품을 찾아내봅니다.

- 차체 형상이 자동차 속도에 어떤 영향을 주는지 실험해 보세요.
- 바퀴의 크기가 자동차 속도에 주는 영향에 대해 실험해 보세요.
- 몇 개의 서로 다른 프로펠러를 제작하고 프로펠러 크기 및 날개의 수가 자동차 속도에 주는 영향에 대해 실험하세요.
- 자동차의 방향을 바꿀 수 있도록 모터와 프로펠러를 두 개 사용하는 새로운 자동차를 디자인해 보세요.
- 옷걸이 또는 전선 등과 같이 자동차의 바퀴 축으로 못 대신 쓸 수 있는 재료는 어떤 것이 있을까요? 어떤 재료가 가장 우수한가요? 어떤 이유일까요?

예제 6

텐세그리티(Tensegrity) 모델

학습목표 | 버팀대와 고무 밴드만으로 만들 수 있는 개방형 다면체를 디자인하고 제작합니다.

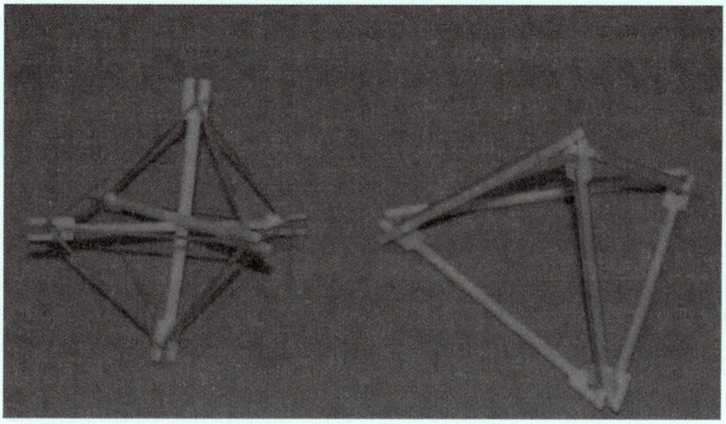

배경

다면체란 직선으로 된 3차원 구조물이며 모든 다면체는 평면과 직선 모서리를 가지고 있어 수학 수업에서 이러한 기하학적 형상을 자주 이용합니다. 이 예제에서는 3D 프린터로 인쇄된 플라스틱 지지대와 고무줄을 기초로 텐세그리티(장력조합) 구조를 만들고 다면체를 탐구합니다.

텐세그리티 구조는 Buckminster Fuller가 개발한 것으로 "Tensional Integrity"라는 뜻을 가지고 있습니다. 텐세그리티란 연속적인 장력의 망 속에서 압축력을 받는 개별적인 요소들을 사용하여 만들어지는 구조 법칙으로, 순수한 텐세그리티 구조에서는 보통 막대 혹은 지지대 형태의 내압 요소가 서로 접촉하지 않도록 되어 있고, 힘줄과 같은 케이블 등의 장력 요소들이 공간적 구조를 결정합니다. 우리가 만들 모델의 경우, 내압 요소들이 서로 접촉 하지 않을 수 있고, 접촉하는 경우에는 접촉부에서 서로 미끄러질 수 있 수 있으니 주의해야 합니다.

차세대과학교육표준(NGSS) 기준

- 과목별 핵심주제 : 공학
- 학습방법: 실험 및 문제해결

수학 핵심공통교육과정(CCSS) 연계성

- 문제의 개념을 이해하고 끈기 있게 해결해야 함
- 추상적이고 정량적인 사고
- 근거 있는 의견을 제시하고 다른 사람의 논리를 비평함
- 수학을 이용한 모델링
- 적절한 도구의 체계적 활용
- 정밀도의 중요성에 대한 인식
- 구조적 특징을 찾아내고 이용하는 능력
- 사고 반복에 의한 규칙성의 발견 및 표현

준비물

- 3D 프린터로 인쇄된 지지대
- 일반 사무용품인 고무 밴드

따라 해보기

1. Inkscape를 실행하고 폭 80mm 높이 3mm인 직사각형을 만듭니다.
2. 다시 폭 15mm 높이 8mm인 직사각형을 만듭니다. 이 직사각형은 고무 밴드를 걸어두는 고리가 될 것입니다.
3. 폭 15mm 높이 4mm인 타원을 하나 만들고 2번에서 그린 직사각형과 50%보다 약간 더 겹치도록 합니다.

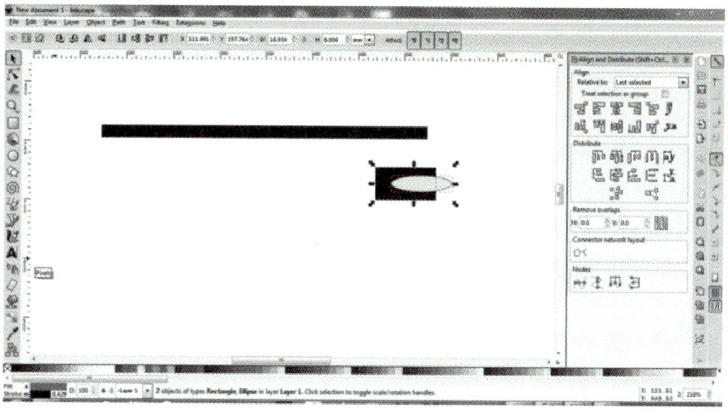

4 타원과 직사각형을 선택하고 [객체 object] 메뉴의 **[배열/정렬 align and distribute]** 도구를 이용하여 수직 방향으로 정렬시킵니다. 두 객체가 선택된 상태에서 **[경로 Path]** 메뉴의 **[차 difference]**를 이용하여 직사각형에서 타원 모양만큼을 잘라냅니다.

5 타원 모양이 잘라진 직사각형을 복제한 후 상단툴바의 수평 방향으로 뒤집기 아이콘를 사용하여 좌우를 대칭시킵니다. 이제 타원 모양이 잘려나간 직사각형 2개가 각각 반대 방향 마주보는 모양으로 생겼습니다.

6 이 작업을 {struts. svg}와 같은 파일명으로 저장합니다.

7 다음 좌우방향으로 긴 모양의 직사각형을 그린 후 5번에서 얻어진 두 도형을 양 끝단으로 옮겨 수평선 기준으로 맞춥니다.

8 세 부분을 모두 선택한 후 수직 방향의 중심을 정렬합니다.

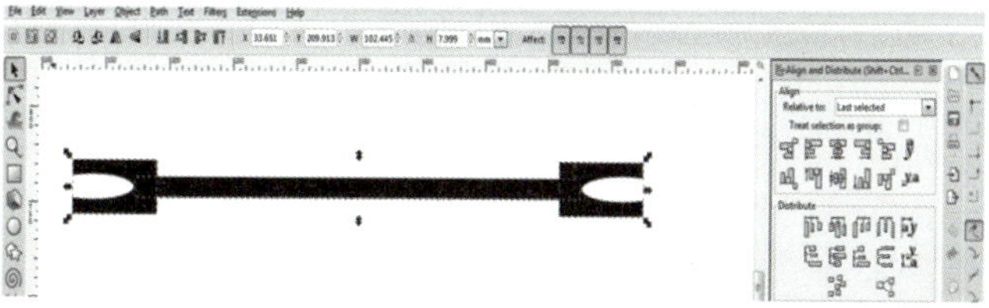

9 세 부분이 선택된 채로 **[객체 object]** 메뉴의 **[그룹 group]**을 이용하여 세 부분이 하나로 묶여지도록 합니다.

10 여기까지의 작업을 저장하고, 만들어진 지지대가 총 8개가 되도록 복제합니다. 인쇄 후 분리하기 쉽도록 지지대 간에 약간씩 간격을 둡니다.

11 8개의 지지대를 모두 선택하고 **[객체 ojbect]** 메뉴의 **[정렬/배치 align and distribute]**를 이용하여 다음 그림과 같이 좌측 끝단 기준으로 정렬한 후 중심선을 상/하 방향으로 분포시킵니다.

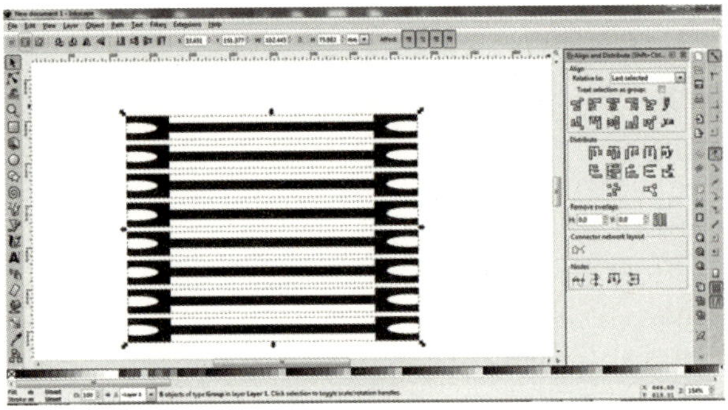

12 다음으로 **[확장기능 extensions]** 메뉴의 **[경로로부터 생성 generate from paths]**에 있는 **[경로에서 OpenSCAD Paths to OpensSCAD]**를 선택하여 완성된 그림을 3mm 만큼 돌출시킵니다. 이 그림을 {struts. scad}로 저장하고 잉크스페이스 작업 파일을 다시 한 번 저장합니다.

13 **[struts. scad]** 파일을 OpenSCAD에서 열고 **[디자인 design]** 메뉴의 **[컴파일 & 렌더Compile and Render]**를 선택합니다. 이미지가 다음과 같이 보이게 됩니다.

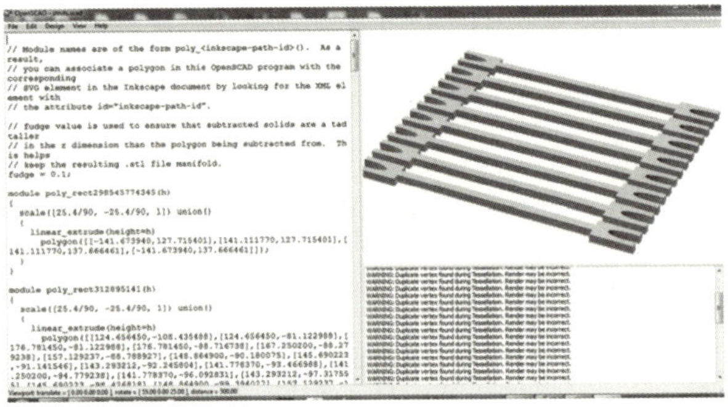

14 [디자인 design] 메뉴의 [STL로 내보내기 export as STL]를 선택하고 {struts.stl}의 이름으로 저장합니다.

15 만들어진 지지대와 고무 밴드를 이용하여 다면체를 만들어 봅니다. 종류를 바꿔가며 다면체가 가장 잘 만들어지는 고무 밴드를 찾아봅니다.

남은 작업 및 일러두기

이번 활동에서는 지지대 부품이 많이 필요할 수 있으므로 여분 세트를 더 인쇄해야 합니다. 두 세트가 필요할 수도 있습니다.

- 고무 밴드와 인쇄한 지지대를 이용하여 4면체, 8면체, 정육면체 등 단순 다면체를 만들어 봅니다.
- 4면체의 경우 지지대가 모서리에 있는 경우에만 만들어 집니다. 왜 그럴까요?
- 다양한 다면체에 대해 면과 모서리, 그리고 꼭짓점 간의 관계를 알아보세요. 각 다면체의 결과를 스프레드시트로 정리해 보세요.
- 이 숫자들 사이의 규칙을 발견하고 이것이 모든 다면체에 대해 성립한다고 증명할 수 있습니까?
- 지지대끼리 접촉하지 않는 텐세그리티 구조에 대해 조사해 보십시오. 지지대와 고무 밴드를 이용하여 이러한 구조를 만들 수 있습니까?
- 새로운 구조물의 모서리와 꼭짓점을 쉽게 찾을 수 있는 반면 다각형의 면에 대해 어떤 결론을 얻을 수 있습니까?

예제 7

이중 기어 시계

학습목표

3D 인쇄된 두 개의 기어만으로 만들 수 있는 간단한 시계를 디자인하고 제작합니다.

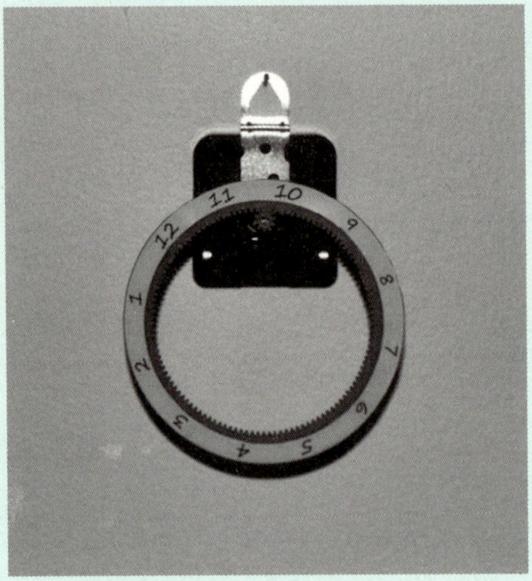

배경

시간을 알리는 기계 장치는 수백 년간 전해져 오고 있습니다. 기어로 구동하는 상업용 시계를 설계하는 과정은 복잡하지만, 아래 그림과 같이 단순한 형태의 시계는 3D 프린팅을 이용하여 충분히 만들 수 있습니다.

차세대과학교육표준(NGSS) 기준

- 과목별 핵심주제 : 물리학, 공학, 지구과학, 시간 측정 방법
- 학습방법: 시행착오 및 실험
- 관련지식: 역사, 기계식 시계의 기원

수학 핵심공통교육과정(CCSS) 연계성

- 문제의 개념을 이해하고 끈기 있게 해결해야 함
- 추상적이고 정량적인 사고
- 근거 있는 의견을 제시하고 다른 사람의 논리를 비평함
- 수학을 이용한 모델링
- 적절한 도구의 체계적 활용
- 정밀도의 중요성에 대한 인식
- 구조적 특징을 찾아내고 이용하는 능력

준비물

- 배터리 구동식 시계용 모터
- 접착제

따라 해보기

1. Inkscape를 실행하고 **[확장기능 extensions]**을 누르고 **[렌더 render]**의 **[톱니 gear]**를 선택하여 잇수가 120인 기어를 만듭니다.
2. 이번엔 잇수가 10개인 기어를 하나 더 만듭니다. 따라서 기어들 간의 잇수 비는 12:1이 되어 큰 기어가 한번 회전하면 작은 기어는 12번 회전하게 됩니다.
3. 작은 기어를 큰 기어 위로 옮깁니다.
4. 두 기어를 모두 선택하고 폭과 높이를 고정한 후 큰 기어의 직경이 80mm가 되도록 크기를 조절합니다.

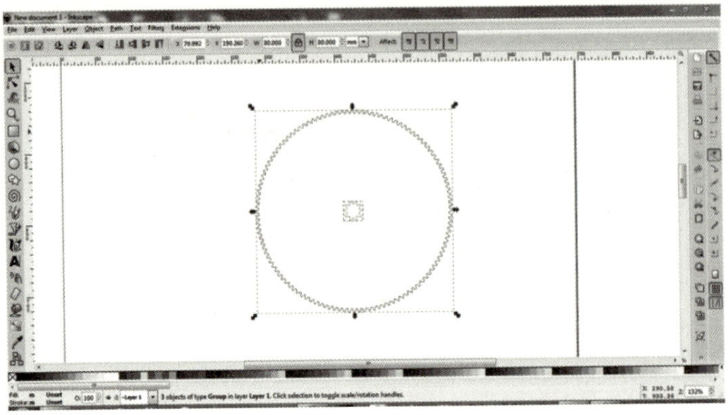

5 직경이 100mm인 원을 하나 그립니다. 이 원을 선택하고 **[객체]** 메뉴에서 가장 밑쪽으로 설정합니다.

6 두 기어를 선택하고 **[객체 object]** 메뉴에서 **[그룹 해제 ungroup]**를 선택합니다.

7 기어들과 원을 대비되는 색상으로 설정합니다.

8 큰 기어를 끌어서 원 위로 옮깁니다.

9 원과 큰 기어를 선택한 후 **[객체 object]** 메뉴의 **[정렬/배치 align and distribute]**를 선택하여 원과 기어의 수직 및 수평 중심을 맞춥니다.

10 큰 기어와 원이 선택된 채로 **[경로 path]** 메뉴의 **[차 difference]**를 선택하여 큰 원에서 기어 모양이 잘려나가도록 합니다. 이렇게 하면 고리의 내부에 기어 모양이 만들어지게 됩니다.

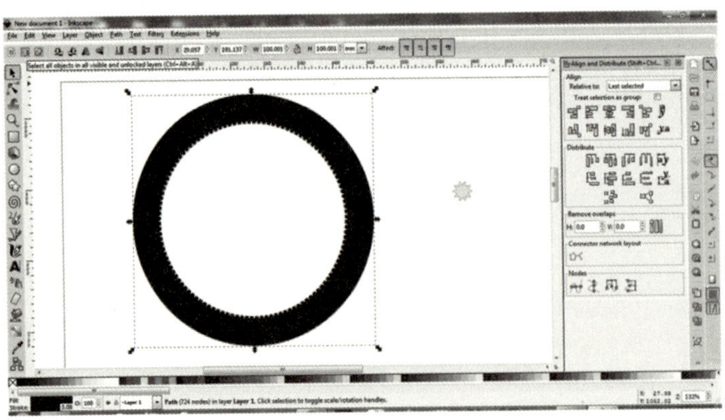

11 똑같은 방법으로 시계 모터의 축이 끼워질 구멍을 만듭니다. 사용된 모터에 대해 이 예제에서는 3.9mm x 2.8mm의 타원형 구멍을 만들었습니다.

12 구멍의 그림과 작은 기어를 모두 선택합니다.

13 **[객체 object]** 메뉴의 **[정렬/배치 align and distribute]**를 선택하고 구멍을 기어에 대해 수직과 수평으로 정렬합니다.

14 두 객체가 선택되어 있는 상태에서 **[경로 path]** 메뉴의 **[차 difference]**를 선택하여 작은 기어에서 구멍 모양을 잘라냅니다.

15 작업을 **[clock.svg]**에 저장합니다.

16 화면상의 모든 그림을 선택하고 **[확장기능 extensions]** 메뉴의 **[경로로부터 생성 generate from paths]**에 있는 **[경로에서 OpenSCAD Paths to OpensSCAD]**를 선택하고, 그림들을 3mm 만큼 돌출시킵니다.

17 작업을 {clock.scad}에 저장합니다.

18 scad 파일을 열고 **[디자인 design]** 메뉴에서 **[컴파일 & 렌더 Compile and Render]**를 선택하여 최종 형상을 볼 수 있습니다.

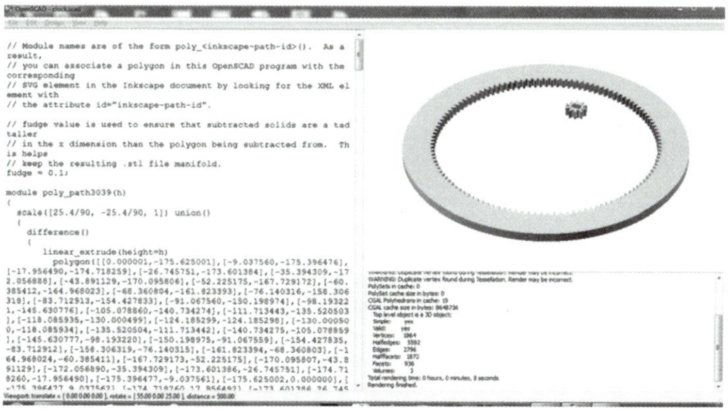

19 **[디자인 design]** 메뉴에서 작업 내용을 {clock.stl} 파일로 내보내기(export as STL)를 합니다.

20 설계된 부품들을 인쇄합니다.

21 Inkscape나 다른 그래픽 프로그램을 이용하여 큰 기어에서 사용될 시간 숫자를 디자인 합니다. 작은 기어가 큰 기어와 같은 방향으로 회전하기 때문에 이 시간 숫자들은 시계 반대 방향으로 돌게 되는 것을 기억하십시오.

22 시계 눈금과 숫자를 잘라내어 큰 기어에 풀로 붙입니다.

23 작은 기어를 분침용 축인 시계 모터에 끼워 한 시간에 한 바퀴 회전하도록 합니다.

24 만들어진 시계를 벽에 걸고 작은 기어 위에 걸쳐진 큰 기어에서 제일 위쪽 숫자가 시간을 나타내도록 합니다.

남은 작업 및 일러두기

시계가 만들어졌으면 벽에 걸어야 합니다. 작은 기어는 한 시간에 한 바퀴를 회전하므로 작동하는지를 보려면 조금 끈기를 가지고 보아야 합니다. 다음의 활동들은 만들어진 시계를 가지고 하게 됩니다.

- 만들어진 시계를 보았을 때, 보통 생각하는 방향과 숫자가 넘어가는 방향이 반대입니다. "시계방향"이라는 말은 어떻게 생겼을까요?
- 숫자를 가리지 않고도 큰 기어가 작은 기어에서 미끄러져 떨어지지 않도록 디자인을 변경할 수 있을까요?
- 만들어진 두 기어는 치형이 내부와 외부에 만들어져 있으므로 많이 다릅니다. 두 기어가 잘 맞물리나요? 기어가 더 잘 물리도록 설계를 바꿀 수 있을까요?

예제 8

오각타일 세트

학습목표 | 정오각형을 포함하는 간단한 타일 세트를 디자인하고 제작합니다.

배경

삼각형, 사각형 또는 육각형과는 다르게 정오각형 타일만 가지고는 면을 꼭 맞게 덮을 수 없습니다. 하지만 평행사변형을 세트에 추가하면 펜로즈 타일과 같은 재미있는 타일 패턴들을 만들어낼 수 있습니다.

펜로즈 타일은 중심점에서 뻗어나가는 기하학적 형태인데, 격자무늬처럼 만들 수는 없습니다. 똑같은 펜로즈 타일이라도 위치가 약간 변하면 같은 모양이 되지 않습니다. 삼각형, 사각형 또는 육각형 등으로 구성한 기존의 타일 패턴들과는 달리, 펜로즈 타일은 이번 예제를 통해 만들 타일들을 이용하여 만들 수 있는 패턴에서 볼 수 있듯이 5배의 회전 대칭성을 갖습니다.

이 예제에서는 정오각형과 다이아몬드 모양의 타일 모양들을 만듭니다. 이 타일들을 이용하면 계속 뻗어가는 형태 혹은 어느 한도에 이르면 성장을 멈추는 형태 등 서로 다른 대칭성을 갖는 패턴들을 만들 수 있습니다.

차세대과학교육표준(NGSS) 기준

- 학습방법: 시행착오 및 실험

수학 핵심공통교육과정(CCSS) 연계성

- 문제의 개념을 이해하고 끈기 있게 해결해야 함
- 추상적이고 정량적인 사고
- 수학을 이용한 모델링
- 적절한 도구의 체계적 활용
- 정밀도의 중요성에 대한 인식
- 구조적 특징을 찾아내고 이용하는 능력

따라 해보기

1. Inkscape를 실행하고 좌측 도구모음의 다각형 도구를 클릭합니다. 그러면 메뉴 표시줄의 밑에 툴바가 나타납니다.

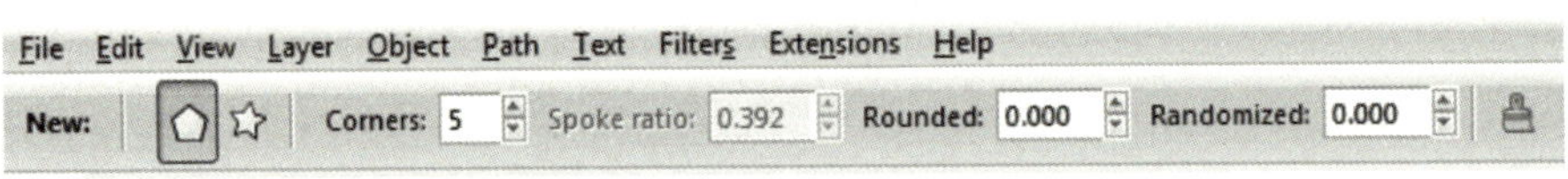

2. 다각형 버튼을 누르고 모서리를 5개 선택하여 오각형을 화면에 그립니다. 모서리 한 개가 수평이 되도록 회전시킵니다.
3. 그려진 오각형을 선택하여 너비 설정창(W) 옆에 있는 잠금 아이콘을 누릅니다.
4. 폭을 30mm로 설정합니다.

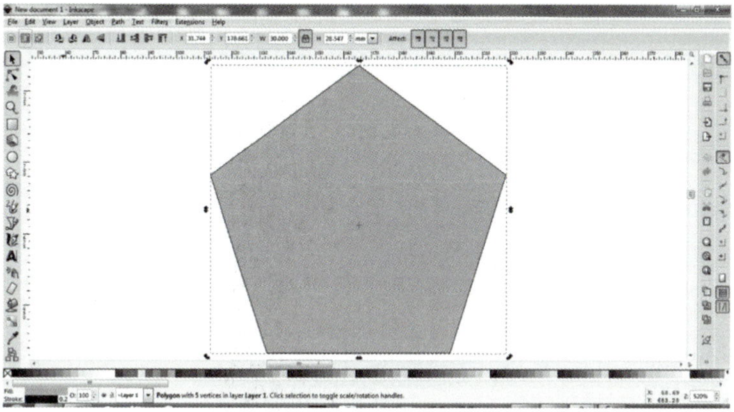

5 그려진 오각형을 복제합니다.

6 복사본을 선택한 후 상단 메뉴 아래쪽에 있는 뒤집기(flip) 도구를 이용하여 아래쪽으로 대칭이 되도록 뒤집습니다. 이제 뒤집어진 복사본을 정렬시켜서 원본의 수평 모서리와 복사본의 모서리가 만나도록 합니다.

7 원본 오각형을 또 하나 복제한 후 우측 하단 모서리와 맞도록 정렬합니다.

8 마찬가지로 원본 오각형을 복제해서 이번에는 우측 상단의 모서리에 맞춥니다.

9 {pentagons.svg} 이름으로 작업을 저장합니다.

10 이제 다이아몬드 형태의 타일을 만듭니다. 정오각형 타일과 유일하게 같이 쓰일 수 있는 형태입니다. **[베지어 곡선 그리기 Draw Bezier curves and straight lines]**를 선택한 후 화면 좌측의 메뉴 표시줄에서 직선을 선택하여 평행사변형을 그릴 네 꼭짓점을 클릭합니다. 이때 네 번째 점이 반드시 첫 번째 점과 일치해야 합니다. 이 평행사변형의 내부를 오각형과 다른 색상으로 채웁니다. 이제 평행 사변형을 선택한 후 좌측 툴바의 경로상 노드편집(node edit) 아이콘을 이용하여 각 모서리들이 오각형들이 모여 만들어진 평행사변형의 각 모서리들과 꼭 맞도록 조심스럽게 끌어 옮깁니다. 이것으로 사용할 기본 형태가 완성되었습니다.

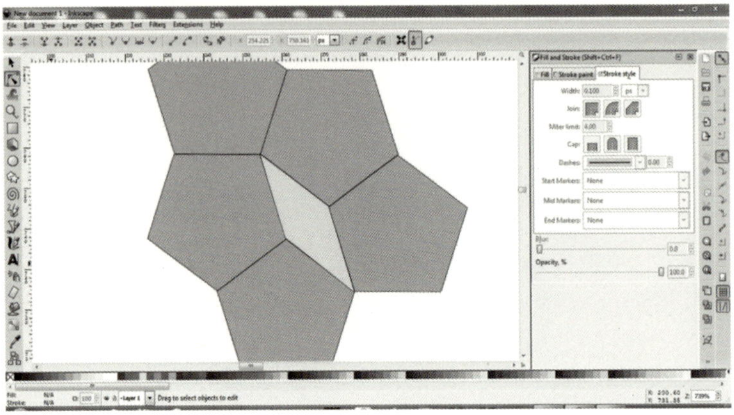

11 작업을 저장합니다.

12 오각형 하나를 선택하여 복사하고 복사본을 새로운 Inkscape 페이지에 붙여넣기를 합니다.

13 오각형을 여러 개 붙여 넣고 정렬한 후에 그림과 같이 패턴 모양으로 배치시킵니다. 이때 인쇄하여 떼어내기 쉽도록 약간의 틈새가 있도록 합니다. 틈새가 너무 크면 사용하는 프린터의 플랫폼을 벗어날 수 있으므로 조절해야 합니다. 프린터 종류에 따라 오각형 수를 조금 줄여야 할 수도 있습니다.

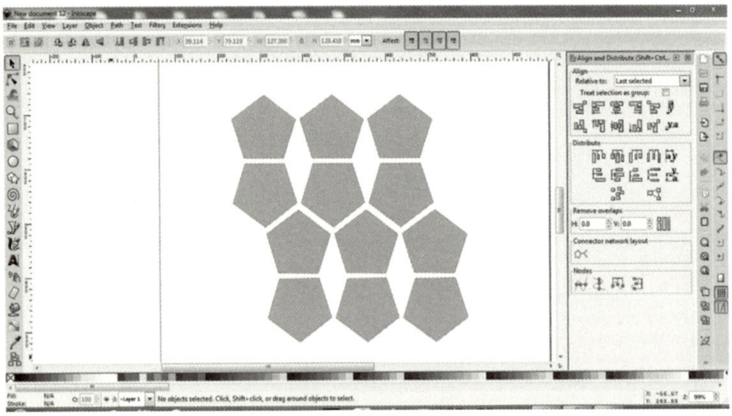

14 작업을 {tile1.svg}에 저장합니다.

15 보이는 모든 오각형을 선택한 후 **[확장기능 extensions]** 메뉴의 **[경로로부터 생성**

generate from paths]에 있는 **[경로에서 OpenSCAD Paths to OpensSCAD]**를 선택하여 그려진 도형들을 2.5mm만큼 돌출시킵니다.

16 작업을 컴퓨터에 {tile1.scad}로 저장합니다.

17 scad 파일을 열고 디자인 메뉴에서 **[컴파일 & 렌더 compile and render]**를 선택한 후 최종 형상을 점검합니다.

18 디자인(design) 메뉴에서 그림을 {tile1.stl}와 같이 STL 파일로 내보내기 합니다.

19 3D 프린터로 출력합니다. 50개 정도 출력하면 좋습니다.

20 새 Inkscape 문서를 열고 다이아몬드 모양에 대해서도 역시 같은 방법으로 복제하여 그림과 같이 프린트하기 좋은 패턴으로 배치하고 인쇄 후 떼어내기 쉽도록 적당한 간격을 갖도록 배치합니다.

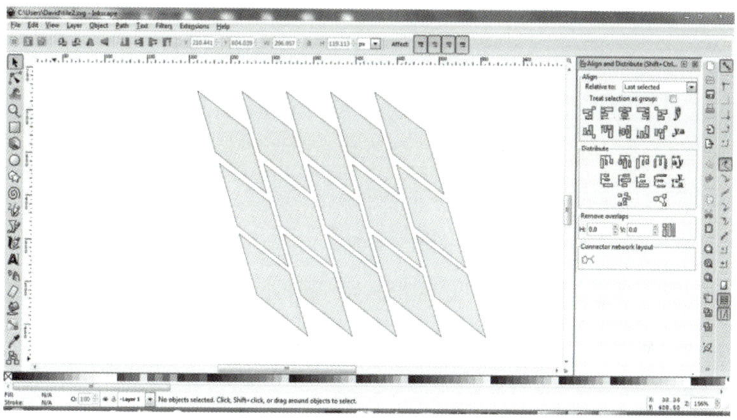

21 그림을 {tile2.svg}로 저장합니다.

22 모든 도형을 선택하고 **[확장기능 extensions]** 메뉴의 **[경로로부터 생성 generate from paths]**에 있는 **[경로에서 OpenSCAD Paths to OpensSCAD]**를 사용하여 그려진 도형들을 2.5mm만큼 돌출시킵니다.

23 작업을 컴퓨터에 {tile2.scad}로 저장합니다.

24 scad 파일을 열고 디자인 메뉴에서 **[컴파일 & 렌더 compile and render]**를 선택한 후 최종 형상을 점검합니다.

25 디자인 메뉴에서 그림을 {tile2.stl}와 같이 STL 파일(Export as STL)로 내보내기 합니다.

26 이제 조각들을 3D 프린터로 적어도 두 세트를 인쇄합니다. 오각형들과 대비되도록 다른 색상을 사용해도 좋습니다.

남은 작업 및 일러두기

충분한 타일이 인쇄 되었으면 만들어진 타일들을 맞춰봅니다. 다양한 구성들을 시험하며 어떤 패턴들이 나타나는지 보려면 각 모양이 백 개 이상 필요할 수도 있습니다.

- 타일을 이용하여 평면 위에 빈틈없이 패턴을 만들어 덮어 보십시오. 어떤 패턴이 보이나요? 바닥 전체를 덮을 수 있는 패턴이 가능한가요?
- 정오각형이 한가운데에 있는 타일 패턴을 만들어 보세요. 5중 회전 대칭성의 패턴을 만들 수 있나요? 이 패턴은 바닥을 덮기에 적당한가요?
- 바닥을 덮을 수 있으면서도 회전 대칭성이나 병진 대칭성을 갖지 않는 패턴을 만들 수 있습니까?
- 가장 작은 조각으로 만들 수 있는 반복 패턴은 어떤 것인가요? 만들어진 패턴들에 필요한 조각들의 수를 스프레드시트에 기록하십시오.
- 두 종류의 타일을 모두 사용하는 타일 패턴은 몇 가지입니까?

예제

9

펜터그램(별모양)

학습목표

오각 타일 만들기 예제와 연계할 수 있는 펜터그램(오각형에서 만들어지는 별모양)을 만들어 봅니다.

배경

예제 8에서 정오각형과 다이아몬드 모양의 타일들로 재미있는 패턴을 만들어 보았습니다. 이 예제에서는 예제 8 결과물과 연결되어 새로운 타일 패턴을 생성할 수 있는 펜터그램을 제작합니다.

차세대과학교육표준(NGSS) 기준

- 학습방법: 시행착오 및 실험

수학 핵심공통교육과정(CCSS) 연계성

- 문제의 개념을 이해하고 끈기 있게 해결해야 함
- 추상적이고 정량적인 사고
- 수학을 이용한 모델링
- 적절한 도구의 체계적 활용
- 정밀도의 중요성에 대한 인식
- 구조적 특징을 찾아내고 이용하는 능력

따라 해보기

1. 예제 8에서 마지막 오각형들이 담긴 {tile1.svg} 파일을 Inkscape에서 다시 열어 봅니다.
2. 꼭짓점이 제일 위쪽에 있는 오각형을 복사하여 새 Inkscape 파일에 붙여 넣습니다.
3. 붙여 넣기를 네 번 더하여 다음 그림과 같은 패턴을 만듭니다. 오각형들의 꼭짓점들끼리 정확히 만나도록 주의하여 배치합니다.
4. 좌측 툴바에서 다각형 도구를 선택합니다.

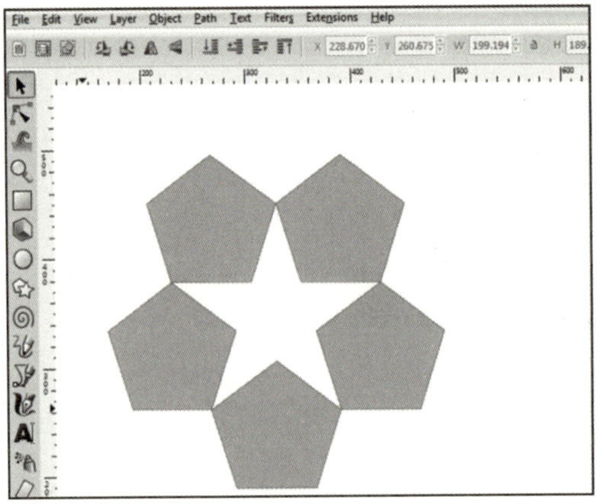

5. 상단 툴바에서 모서리의 수는 5를 선택한 후 별모양을 선택합니다.

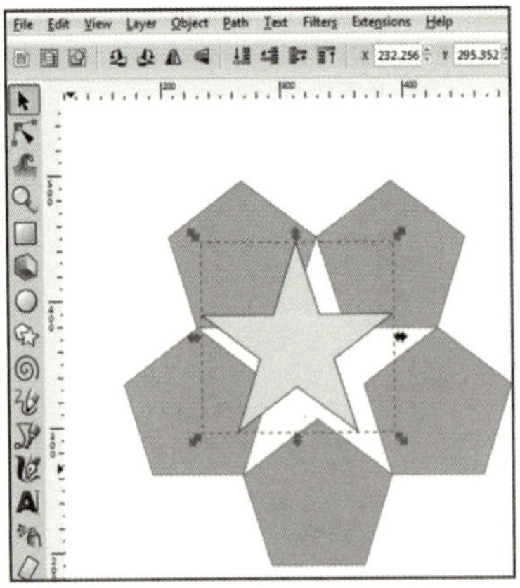

6 오각형으로 둘러싸인 중앙에 생긴 별모양의 공간에 꼭짓점 다섯 개의 별모양을 그립니다. 완전히 꼭 맞지 않아도 상관없지만 꼭짓점 하나가 제일 위쪽으로 가도록 정렬해야 합니다. 이렇게 만들어진 도형을 원하는 색상으로 채웁니다.

7 그려진 별모양을 선택하고 길이 비율을 유지하기 위해 화면 상단의 너비과 높이 설정칸 사이에 있는 잠금 표시를 누릅니다.

8 별모양의 꼭짓점을 끌어서 주변 오각형에 의해 생긴 공간에 꼭 맞도록 조절하고 모서리끼리의 길이도 일치하도록 합니다. 이 작업은 조금 힘들 수 있으나 매우 중요합니다.

9 작업을 {star.svg}에 저장합니다.

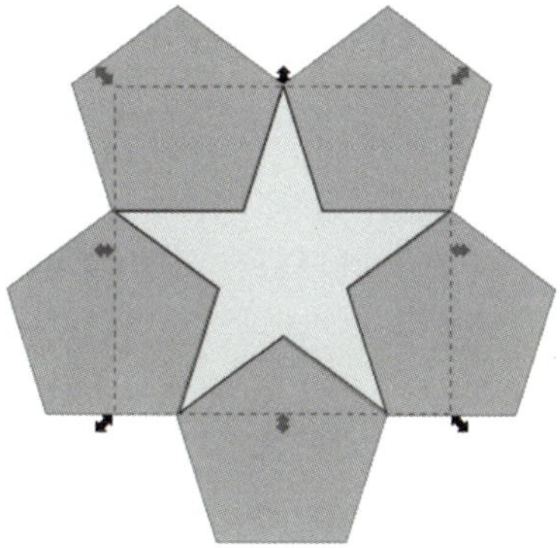

10 별모양을 복사한 후 새 Inkscape 창을 열어서 한 번에 많이 인쇄할 수 있도록 여러 번 붙여 넣습니다. 사용하는 프린터의 플랫폼 크기에 따라 한 번에 6개를 인쇄할 수도 있습니다. 이때 인쇄하여 떼어내기 쉽도록 약간의 틈새가 있도록 합니다.

11 작업을 {tile3.svg}로 저장합니다.

12 모든 별모양들을 선택한 후 **[확장기능 extensions]** 메뉴의 **[경로로부터 생성 generate from paths]**에 있는 **[경로에서 OpenSCAD Paths to OpensSCAD]**를 사용하여 그려진 도형들을 2.5mm만큼 돌출시킵니다.

13 작업을 컴퓨터에 {tile3.scad}로 저장합니다.

14 scad 파일을 열고 디자인 메뉴에서 **[컴파일 & 렌더 compile and render]**를 선택한 후 최종 형상을 점검합니다.

15 디자인 메뉴에서 그림을 {tile3.stl}와 같이 STL 파일로 내보내기 합니다.

16 3D 프린터로 출력합니다. 12개 정도 출력하면 좋습니다.

17 이전에 만든 타일들과 조합하면 이제 3가지 형상으로 패턴을 만들어 볼 수 있습니다.

남은 작업 및 일러두기

이번 활동은 이 예제에서 만든 형상과 예제 8에서의 형상을 섞어서 진행합니다. 스스로 재미있는 패턴 타일들을 추가로 제작하여 진행하여도 좋습니다. 다양한 구성들을 시험하며 어떤 패턴들이 나타나는지 보려면 각 모양이 백 개 이상 필요할 수도 있습니다.

- 세 종류의 타일을 모두 이용하여 평면 위에 빈틈없이 패턴을 만들어 덮어 봅니다. 어떤 패턴이 보이나요? 바닥 전체를 덮을 수 있는 패턴이 가능한가요?
- 별모양이 한가운데에 있는 타일 패턴을 만들어 봅니다. 5중 회전 대칭성의 패턴을 만들 수 있나요? 그 이유는 무엇인가요? 이 패턴은 바닥을 덮기에 적당한가요?
- 가장 작은 조각으로 만들 수 있는 반복 패턴은 어떤 것인가요?
- 패턴 종류에 관계없이 다이아몬드 타일과 별모양 타일의 비율이 같은가요? 만들어진 패턴들에 필요한 조각들의 수를 표로 기록합니다.
- 세 종류의 타일을 모두 사용하는 타일 패턴은 몇 가지입니까?
- 2명이서 중앙에 별모양 놓고 차례로 패턴을 더해가는 게임을 해봅니다. 각 점수는 새로 놓는 타일이 이미 놓인 타일들과 공유하는 모서리 수로 계산합니다. 타일을 모두 소진할 때까지 혹은 가지고 있는 타일로 더 놓을 곳이 없을 때까지 계속하여 가장 많은 점수를 획득한 사람이 이기는 게임입니다.

예제 10

매듭 디자인

학습목표 다양한 복잡도를 갖는 수학적인 매듭 모양을 디자인하고 제작합니다.

배경

이 예제는 수학의 분야 중 하나인 "매듭 이론"과 연계됩니다. 출력결과물은 매우 추상적이지만 아름다운 형상을 지니고 있어 학생들이 수학의 미학을 느낄 수 있습니다.

누구라도 상자 포장의 리본이나 신발 끈을 매어봤다면 매듭에 대해 알고 있을 것입니다. 이러한 일상적인 상황에서 보통 우리는 외벌매듭을 한번 하고 나비매듭을 두 번째에 만듭니다. 나비매듭은 한쪽의 끈을 잡아당기는 것만으로도 쉽게 풀리게 되는데, 나비매듭은 사실 끝단을 당겨서 풀리게 되므로 엄밀한 의미의 매듭은 아닙니다.

수학적으로, 매듭이론은 위상기하학의 한 분야입니다. 매듭 이론에서 제일 간단한 형태는 단위원을 삼차원의 서로 다른 위상 공간으로 사상하는 것입니다. 수학적인 매듭은 우리가 보통 양 끝이 자유롭게 움직일 수 있는 끈을 묶는 것으로 생각하는 일상적인 매듭과는 차이가 있습니다. 매듭 이론에서 다루는 매듭들은 대부분 닫힌 루프의 폐영역입니다. 만일 매듭이 풀려서 원과 같이 개방된 형태가 만들어진다면 처음 주어진 구조는 매듭이 아니었다고 할 수 있습니다. 반대로 어떤 식으로든 풀려지지 않는다면 엄밀한 의미의 매듭이라 할 수 있고 알려진 형태만 수 백 종류가 있습니다. 매듭 이론에 대해 좀 더 알고 싶은 분은 KnotPlot 사이트(www.knotplot.com)을 방문하여 게시물들을 한번 보시길 권합니다.

이 예제의 목표는 3D 프린팅이 수학적 개념과도 연계될 수 있으면서도 아름다운 형태를 만들어낼 수도 있다는 것을 보여주는 것입니다. 이를 위해 사용하는 KnotPlot 소프트웨어는 놀라운 3차원 패턴을 프린팅 할 수 있게 하며, 다양한 파라미터 조정을 통해 매듭 구조를 탐구할 수 있게 합니다.

차세대과학교육표준(NGSS) 기준

- 과목별 핵심주제 : 공학
- 학습방법: 시행착오 및 실험

수학 핵심공통교육과정(CCSS) 연계성

- 문제의 개념을 이해하고 끈기 있게 해결해야 함
- 추상적이고 정량적인 사고
- 근거 있는 의견을 제시하고 다른 사람의 논리를 비평함
- 수학을 이용한 모델링
- 적절한 도구의 체계적 활용
- 정밀도의 중요성에 대한 인식
- 구조적 특징을 찾아내고 이용하는 능력
- 반복적인 추론을 통해 규칙성을 발견하고 표현할 수 있음

따라 해보기

1. KnotPlot을 설치합니다.

2. 컴퓨터에 {Knot}와 같은 이름으로 폴더를 만듭니다. 이 폴더에는 프로그램의 바로가기와 완성된 파일들이 저장될 공간입니다. 이를 위해서는 그림과 같이 프로그램의 **[속성 KnotPlot properties]**에서 시작위치 속성에 만들어진 폴더의 전체 경로를 입력하여 편집하면 됩니다. 이 예제의 경우에는 C:\users\david\desktop\knotplot로 지정하면 됩니다. 한편 맥 운영체제의 사용자라면 지금의 내용들은 필요 없고 KnotPlot을 설치할 때 생긴 {Readme.txt} 파일을 열어서 안내를 잘 읽어보십시오. 복잡한 과정처럼 보이긴 하지만, 앞으로 나올 내용들에서 느낄 수 있듯이, 한번 해볼 만한 가치가 충분히 있습니다.

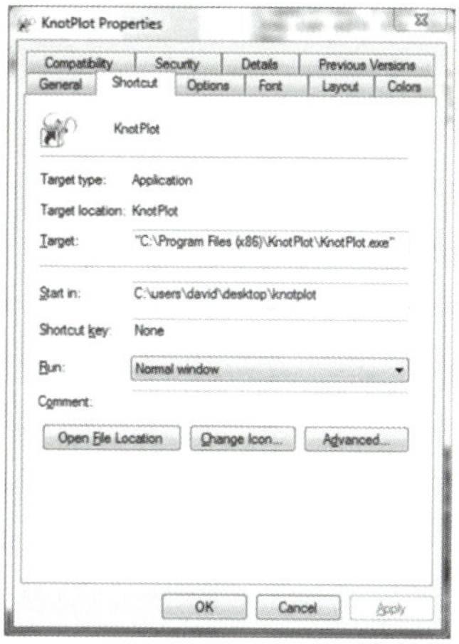

3 KnotPlot를 실행하면 화면에 네 개의 창이 나타납니다. 그 중 2개는 텍스트 입력을 위한 것이고 하나는 매듭을 그래픽으로 보여주며 다른 하나에는 매듭을 풀거나 조작한 뒤 STL 파일로 내보내어 인쇄할 수 있도록 하는 버튼이 있습니다. 여기서 텍스트 입력은 필요하지 않으므로 그래픽 창과 제어 버튼 창이 가장 위쪽에 서로 붙어있도록 하며 됩니다. KnotPlot는 텍스트 창에 입력하는 것으로 버튼 창에 있는 명령보다 훨씬 많은 일들을 할 수 있지만 이 예제에서는 버튼 명령만으로도 충분합니다. 물론, 예제를 마치고 좀 더 깊이 다뤄보고 싶으신 분들께서는 그렇게 해 보시길 적극 추천합니다.

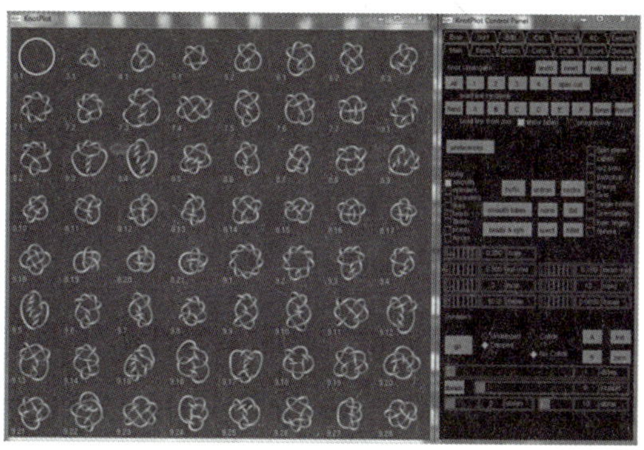

4 이 그림에서는 KnotPlot 소프트웨어에서 만들 수 있는 매듭들의 종류를 보여줍니다. A, B, C 등으로 표시된 버튼을 누르면 또 다른 이미지 저장소에 수록된 매듭들을 볼 수 있습니다.

5. 그래픽 창에서 마음에 드는 매듭을 클릭하시면 스크린에 그 매듭이 크게 확대됩니다.

6. 인쇄하고 싶은 매듭을 찾으면 **[곡면모델 surface model]** 라벨 밑의 STLOUT 버튼을 눌러 매듭을 [knot.stl]로 저장하는데, 처음에 KnotPlot의 바로가기가 저장된 폴더로 설정한 같은 폴더에 저장됩니다.

7. 다음 매듭을 만들 경우에 대비해서 STL 파일 이름을 다른 것으로 바꿉니다.

8. 선택한 매듭을 인쇄하려 할 때 모델이 좀 더 커지길 원할 수도 있습니다. 이 경우 3D 프린터 소프트웨어에 있는 **[확대/축소 scale]** 명령으로 출력물이 커지거나 작아지게 할 수 있습니다. 이러한 설정을 최종 모델의 3 차원에 대해 모두 적용하여 인쇄될 수 있도록 할 수 있습니다. 다음의 이미지는 우리가 사용한 Afinia 프린터 소프트웨어에서 보여주는 화면입니다. 조작하기 쉽도록 이미지를 각 방향으로 3배씩 확대했습니다.

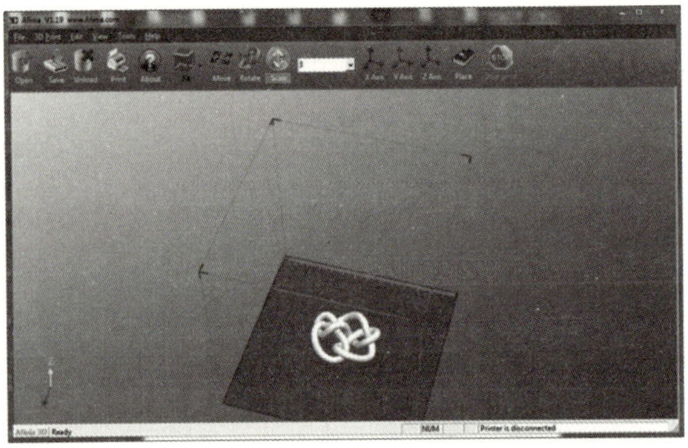

9. 펜던트 등 보석 장신구처럼 사용하기 위해 매듭을 출력하는 경우 원래 크기로 출력하거나 약간 축소하여 인쇄할 수 있습니다.

10. 이 책의 앞쪽에서 언급한 장신구와 관련하여, www.repliforminc.com/RePliKot.htm 등과 같이 누구라도 자신의 플라스틱 모델을 니켈, 구리, 황동과 같은 금속 재질 위에 올려 장식해 주는 서비스들이 있습니다. 또한 작업한 파일을 Shapeways (www.shapeways.com)에 보내면 3D 프린터로 인쇄해 줄 뿐만 아니라 원하는 귀금속으로도 만들 수 있습니다.

남은 작업 및 일러두기

- 매듭을 인쇄하고 난 후 루프를 통해 어떤 경로가 보이는지 이리저리 돌려 보면서 확인하십시오. 경로들이 보인다면, 이것들은 매듭의 복잡성과 어떤 연관성이 있습니까?
- 다른 부속물을 통해 서로 연결된 형태의 매듭을 링크라고 부릅니다. 이러한 링크 중에 상당히 흥미로운 형태들이 있습니다.
- KnotPlot의 편집 도구를 이용하여 스스로 매듭 형태를 창작하고 인쇄해 봅시다.

예제 11

동물 디자인

학습목표 여러 가지 상상 속의 동물 모양을 디자인하고 만들어 봅니다.

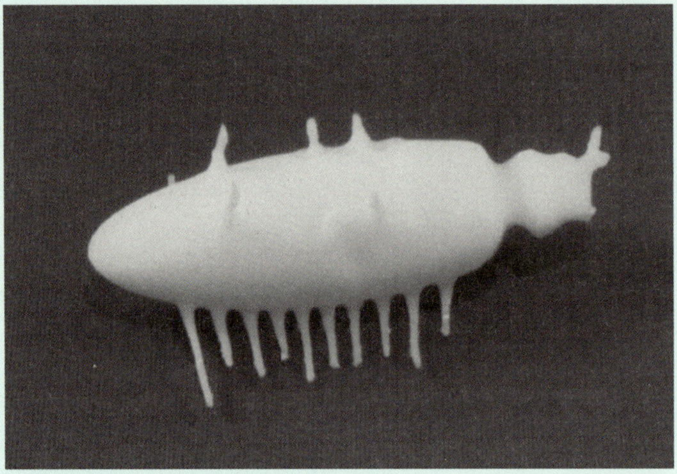

배경

지금까지의 예제들은 기하학적 형상을 만드는 작업이었습니다만 이 예제에서는 그러한 형태를 벗어나 보도록 하겠습니다. 지금까지의 방법처럼 인쇄할 모양을 먼저 그리는 것이 아니라 마치 찰흙으로 만드는 것처럼 3D 모델링 도구를 이용하여 직접 만들게 됩니다. 조형에 대한 기술이 많지 않더라도 플레이도우나 모델링용 클레이 등을 만져보신 분이면 금방 감각을 익힐 수 있습니다.

차세대과학교육표준(NGSS) 기준

- 과목별 핵심주제 : 생명과학
- 학습방법: 시행착오 및 실험

수학 핵심공통교육과정(CCSS) 연계성

- 적절한 도구의 체계적 활용
- 정밀도의 중요성에 대한 인식
- 구조적 특징을 찾아내고 이용하는 능력

따라 해보기

1 Meshmixer를 설치하고 실행합니다. 처음에 빈 화면이 나타나게 되고 구 형상을 불러오는 것으로 시작합니다. 가지고 있는 다른 3D 형상을 불러올 수도 있습니다.

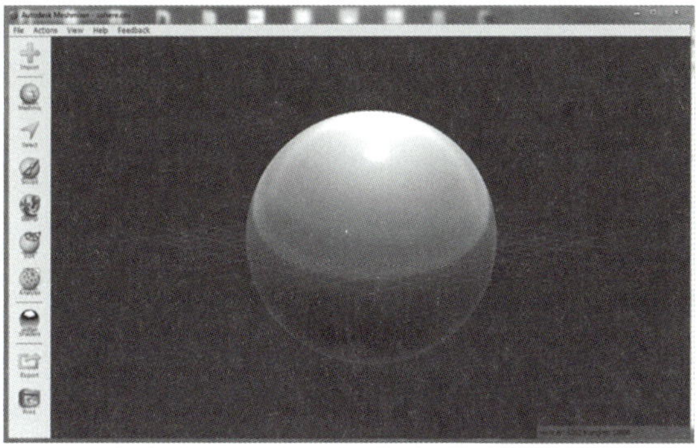

2 대칭성을 많이 갖는 "생명체"를 디자인하기 때문에 좌측 툴바의 조형 도구(Sculpt Tool)에 있는 대칭(Symmetry) 아이콘을 누릅니다. 이렇게 하면 물체의 중심 주변에 흰색 선이 그려지고 왼쪽에서 한 작업이 오른쪽에도 반영이 됩니다. 따라서 작업 시간도 많이 절약되고 만들어진 동물도 사실적으로 그려집니다.

3 좌측 툴바의 메쉬 편집(Edit Mesh) 버튼을 눌러 변형(Transform)을 선택합니다. 이번에 해야 할 일은 구 모양을 납작하게 하여 가늘고 긴 타원 형태로 만드는 것입니다. 작업 중인 형상을 회전시키려면 Alt 키를 누른 채로 마우스 왼쪽 버튼을 누르면 됩니다. 마우스를 움직이면 여러 각도로 형상이 회전됩니다. 원하는 방향으로 돌려놓은 후 화

살표를 끌어서 수직 방향(z축)을 작게 줄이고 깊이 방향(y축)을 길게 늘입니다.

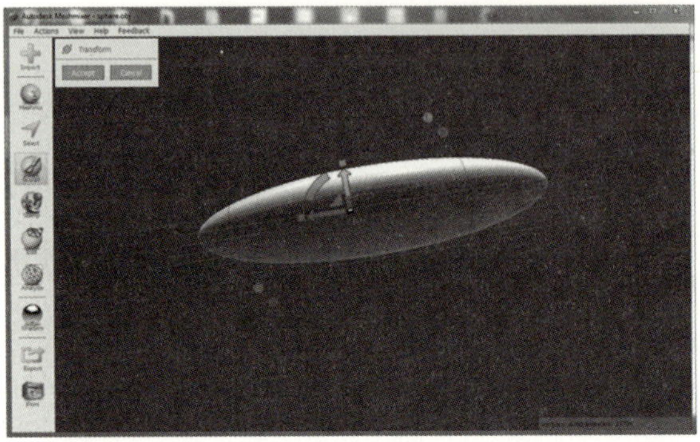

4 작업이 다 되었으면 조형도구를 이용하여 세부 모양을 추가할 수 있습니다. 많은 도구들이 있으므로 각각 어떤 기능들을 하는지 하나씩 시도해 보시길 바랍니다. 보이는 각도를 이리저리 돌려보면서 원하는 모양으로 되었는지 확인하시길 권합니다. 작업을 취소하고 싶은 경우 Ctrl과 Z 키를 같이 누르면 원상복귀가 가능합니다. 이 취소 작업은 가장 처음의 구 모양이 될 때까지 반복할 수 있습니다.

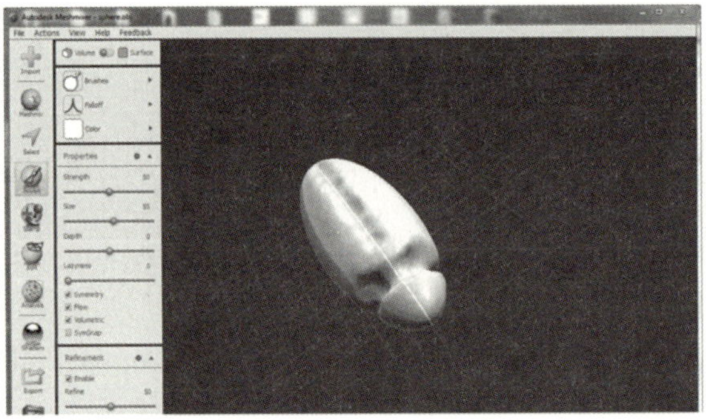

5 이 예제 작업 도중에 자주 저장하시길 권합니다. 저장된 파일은 Meshmixer에서만 열릴 수 있습니다. 완성 후에는 모델을 STL 파일로 내보내기 하십시오.

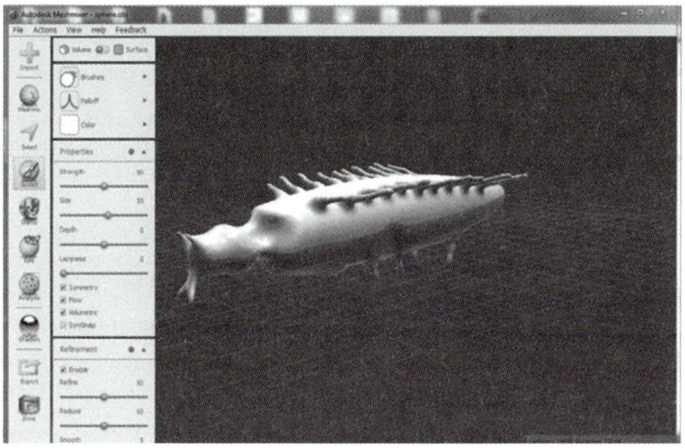

6 모델링 작업이 끝나면 STL 파일로 내보내어 인쇄할 수 있습니다. 만들어진 다리 등의 형상들이 제대로 인쇄되기 위해 프린터에 많은 지지구조가 필요할 수 있습니다. 인쇄 후에는 이러한 섬세한 부분들이 부러지지 않도록 아주 조심스럽게 다루어야 합니다.

남은 작업 및 알려두기

- 이 예제에서 다룬 동물은 좌우 대칭성을 갖습니다. 모든 동물들이 이런 대칭성을 가지는지요? 동물들에게 있어서 대칭성이 주는 장점은 어떤 것인가요?
- 달이나 화성에서는 지구에서보다 중력이 약합니다. 서로 다른 별에 동물들이 살고 있다면 중력의 영향을 어떻게 다르게 받을까요?
- 어떤 별에 사는 동물들이 중력이 더 큰 별로 옮겨지면 살아갈 수 있을까요?
- Meshmixer 대신 Sculptris를 사용해 보시고 어떤 소프트웨어가 더 나은지 생각해보세요.

예제 12

화석 만들기

학습목표

박물관에서 제공되는 자료들을 이용하여 화석의 3D 모델을 만들어 보고 탐구합니다.

배경

이 책의 초반부에서 지적하였듯이 학생들이 인쇄하려는 것들을 단순히 Thingiverse에 있는 자료들에서만 찾으려하지 않도록 주의를 기울여야 합니다. 이 예제에서는 바로 화석의 3D 모델들을 다운로드 받아 직접 만드는 작업을 하게 됩니다. 어린 학생들이 정확한 화석 모델을 가지고 탐구하는 작업은 흔히 접할 수 없는 값진 기회가 될 수 있기 때문에 이번에는 과는 다르게 자료를 입수하겠습니다. 박물관에는 아주 소중한 공예품들이 전시되어 있는데, 비록 플라스틱 모델이라 해도 직접 손으로 만져보며 느낄 수 있다면 더 많은 것을 배울 수 있습니다.

워싱턴 DC의 스미소니언(3d.si.edu)이나 아프리카 화석 컬렉션(africanfossils.org) 등을 포함한 많은 박물관들이 소장품들을 디지털화하는 작업을 진행 중입니다. 이미 스캔된 소장품들 중에는 케냐 국립박물관과 투르카나 베이신 연구소의 현장 기지에서 소장하고 있는 생물 표본 등이 있습니다. 호주 멜버른의 빅토리아 박물관에서는 이미지를 제공하는데 조금 색다른 방법을 쓰고 있는데, 자신의 웹사이트에서 소장품들의 STL 파일들을 제공하는 것이 아니라 Thingiverse (www.thingiverse.com)에 게시하고 있고 지금까지 암모나이트와 삼엽충의 두 모델을 공유하고 있습니다. 지금의 추세대로라면 점점 더 많은 박물관들이 자신들의 소장품에 대한 파일들을 공유할 것이므로 꼭 눈여겨 봐두시길 권합니다. 박물관마다 소장품들을 CT 스캔부터 레이저 스캔, 혹은 3D 사진 촬영 등 다양한 방법으로 모델화하고 있습니다. 어떤 방법으로 스캔했는지에 관계없이 우리의 목표는 한결같이 3D 프린터로 인쇄할 수 있는 정확한 모델을 만드는 것입니다.

차세대과학교육표준(NGSS) 기준

- 과목별 핵심주제 : 생명과학, 공학

수학 핵심공통교육과정(CCSS) 연계성

- 구조적 특징을 찾아내고 이용하는 능력
- 반복적인 추론을 통해 규칙성을 발견하고 표현할 수 있음

따라 해보기

1. Thingiverse(goo.gl/RPz4ir)에서 빅토리아 박물관의 암모나이트 파일을 다운로드 받습니다.
2. Meshlab에서 모델을 열어보시면 인쇄될 형태가 어떤 것인지 알 수 있고, 화석의 품질을 저하시키지 않으면서 외부 물질들을 깨끗이 제거할 수 있습니다.
3. Meshlab에서 모델을 회전시키면 양쪽 면에 홈이 파여진 나선형의 껍질 모양임을 알 수 있습니다.

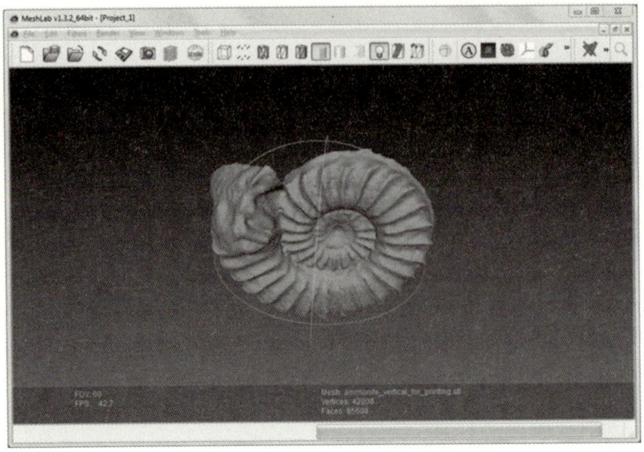

4 좀 더 실물감을 줄 수 있도록 흰 색이나 고동색으로 인쇄합니다.

남은 작업 및 일러두기

- 이 예제에서 만든 암모나이트 화석은 어떤 생물의 껍질일까요? 어떤 동물이 이 속에서 살았을지 생각해 봅니다.
- 나선형 패턴을 자세히 살펴보고 현재 살아있는 동물들 중에 껍질이 비슷한 종류가 있는지 생각해 보세요.
- 위키피디아 등 웹에서 정보를 찾아보고 암모나이트에 대해 무엇을 알 수 있는지 생각해 보세요.
- 암모나이트가 멸종한 원인은 무엇이었을까요?

예제 13

모빌 디자인

학습목표 알렉산더 콜더(Alexander Calder)가 창시한 움직이는 조각품인 모빌을 디자인하고 만들어 봅니다.

배경

알렉산더 콜더는 20세기 중엽에 활동한 미국의 조각가입니다. 그는 조각물들을 연결하거나 매달아서 미묘하게 균형을 이루게 하여 모터나 바람에 의해 움직이는 작품인 모빌의 창시자로 잘 알려져 있습니다. 그의 이러한 작품은 너무나 잘 알려져 있어서 수많은 작가들이 움직이는 조각품들을 만들어 왔지만 "모빌"이라는 단어는 언제든 그의 이름을 바로 연상시키기도 합니다. 콜더는 주로 프랑스에서 활동하였고 그의 작품들은 전 세계에서 볼 수 있습니다.

그의 작품들은 기본적으로 바람을 받는 베인(Vane)들이 끈이나 가는 철사 등으로 서로 묶여 있는 형태입니다. 베인이 바람을 받으면 매달린 조각품들이 움직이게 되고 보는 각도에 따라 흥미로운 배치를 보여주기도 합니다.

차세대과학교육표준(NGSS) 기준

- 과목별 핵심주제 : 공학
- 학습방법: 시행착오 및 실험

수학 핵심공통교육과정(CCSS) 연계성

- 적절한 도구의 체계적 활용
- 구조적 특징을 찾아내고 이용하는 능력

따라 해보기

1. Inkscape를 실행하고 지름 30mm와 10mm의 원을 두 개 그립니다.
2. 좌측의 표시줄에서 [베지어 곡선 그리기 draw Bezier curves and straight lines]를 선택하여 다음 그림과 같이 사각형을 그립니다. 이때 시작점과 마지막 점이 일치해야 합니다.

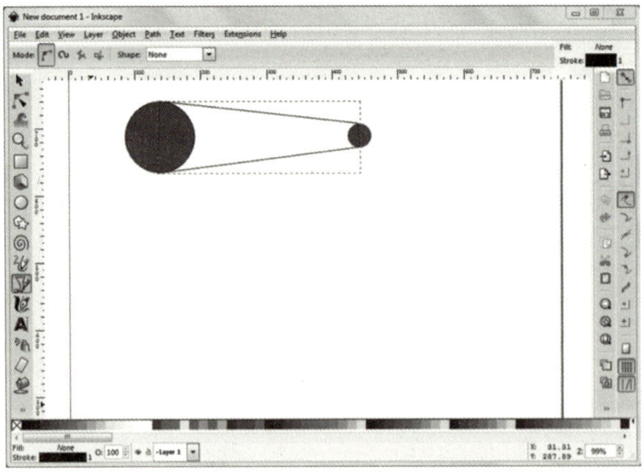

3 다음으로 좌측 툴바에서 주요 선택 도구인 [경로상노드편집 edit paths by nodes]의 아이콘을 선택합니다. 이 도구로 직선을 구부릴 수 있습니다.

4 먼저 좁은 화살표 도구로 제일 위쪽의 직선을 선택하는데, 중심에서 약간 왼쪽으로 클릭합니다. 이제 마우스 버튼을 누른 채로 위쪽으로 움직이면 멋진 곡선이 만들어집니다.

5 아래쪽 직선도 마찬가지로 구부려서 다음 그림과 비슷한 형태로 만듭니다.

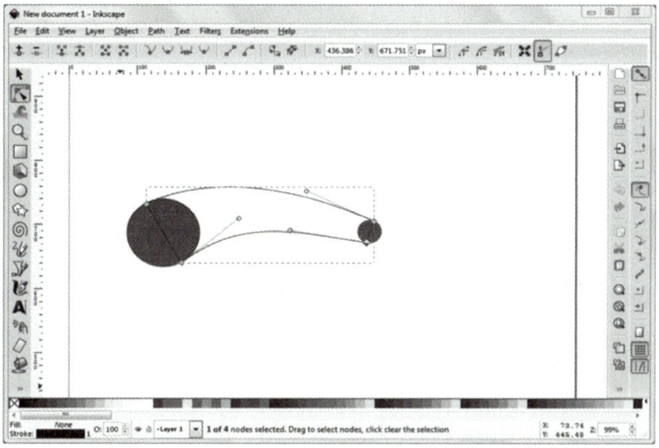

6 도구 선택을 해제하기 전에, 사각형의 꼭짓점에 있는 다이아몬드 모양을 이동시켜서 선과 원이 직각으로 접촉하도록 조절합니다.

7 색상을 원과 같은 색으로 하여 기본 형상을 완성합니다.

8 얻어진 모양 전체를 선택하여 수평방향 길이가 100mm가 되도록 합니다. 필요할 경우 원들과 도형을 그룹으로 묶을 수도 있습니다. 이때 길이 비율이 변하지 않도록 잠금 상태로 되어 있어야 합니다.

9 이제 기본 형상을 복사하여 화면상에 복사본을 3개 만듭니다.

10 복사본 중 하나의 폭을 50mm로 조절하고 나머지 둘은 25mm로 합니다.

11. 이제 각 형상에 작은 구멍을 만들어야 합니다. 만들기 전에, 네 형상 모두 그룹 해제되어 있는지 확인합니다.
12. 지름 1.5mm인 원을 하나 그리고 다른 색상으로 채웁니다.
13. 이 작은 원을 복사하여 에 만든 도형들 위로 붙여 넣습니다. 이 작은 원들은 나중에 끈 등을 묶는 구멍이 됩니다.

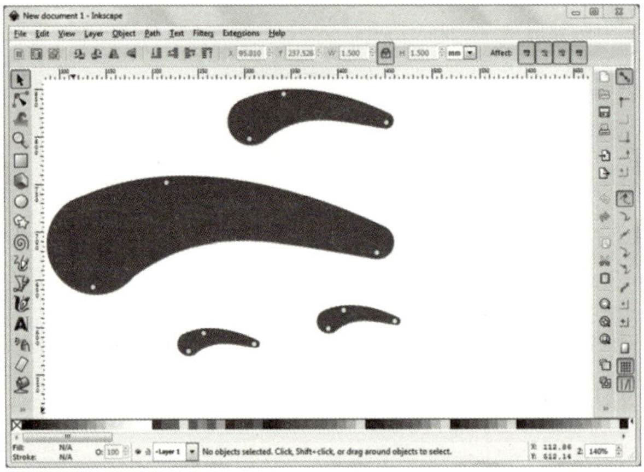

14. 작업을 저장합니다.
15. 각 모양에 대해 도형과 작은 원 모두를 선택합니다.

16 [경로 path] 메뉴에서 [차 difference] 도구를 선택하여 작은 원들을 구멍으로 만듭니다.

17 남은 구멍들에 대해서도 마찬가지 방법으로 반복합니다.

18 이제 모빌의 기본 구조가 완성되었습니다. 작업을 저장하세요.

19 얻어진 모양들을 3D 프린터에서 인쇄할 수 있는 모양으로 돌출시킵니다. Ctrl-A 또는 마우스로 모든 부품들을 선택하고 [확장기능 extensions] 메뉴의 **[경로로부터 생성 generate from paths]**에 있는 **[경로에서 OpenSCAD Paths to OpensSCAD]**를 선택합니다. 작업이 잘 되었다면 부품들의 두께를 입력할 수 있는 창이 열립니다. 두께를 2.5mm 정도로 선택하고 출력 파일 이름을 {mobilebase.scad}와 같이 입력한 후 **[적용 apply]**을 클릭하고 **[마침 done]**을 누릅니다. 이렇게 하면 OpenSCAD에서 열어볼 수 있는 파일이 만들어 집니다.

20 OpenSCAD에서 19번에서 만들어진 파일을 실행합니다. **[디자인 design]** 메뉴로 가서 **[커파일 & 렌더 compile and render]**(혹은 F6 키)를 선택하면 최종 형상이 3D로 만들어져서 마우스로 회전시켜 볼 수도 있습니다.

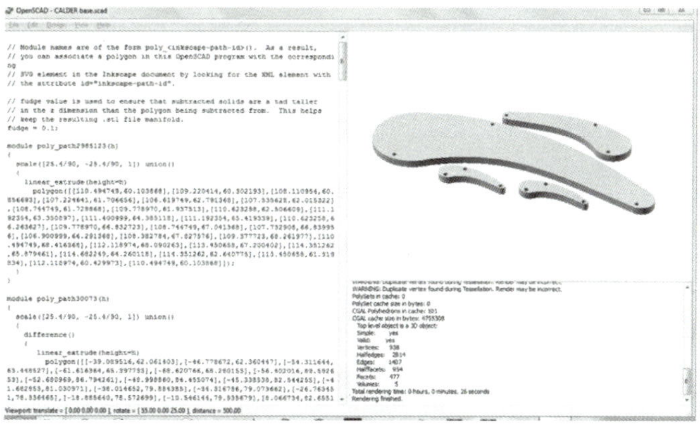

21 다시 **[디자인 design]** 메뉴에서 **[STL로 내보내기 export as STL]**을 선택하고 {mobile arms.stl}과 같이 찾기 쉬운 이름으로 저장합니다.

22 파일을 Meshlab에서 열어 보면 이미지에 발생할 수 있는 작은 오류들을 깨끗하게 청소할 수 있습니다. 청소된 깨끗한 이미지는 자동으로 저장됩니다. 꼭 필요한 단계는 아닐 수 있지만 만일을 위해 필요할 수 있습니다.

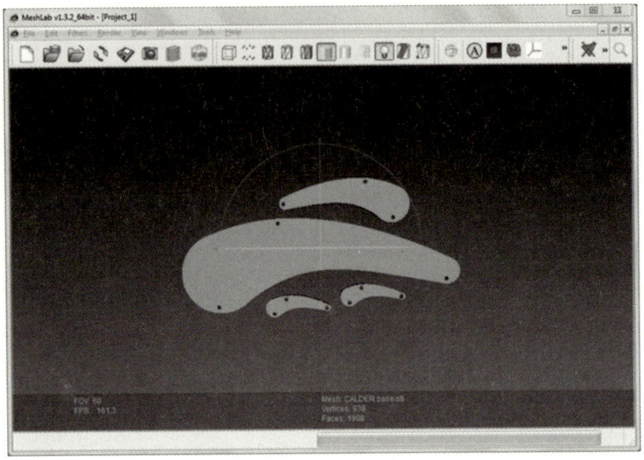

23 가장 처음의 Inkscape 파일로 돌아가서 모빌에 매달 수 있는 모양들을 그립니다.

24 각 모양들에 반드시 작은 구멍들을 같이 만들어야 합니다.

25 그려진 도형들을 선택하고 인쇄에 필요한 STL 파일을 만들기 위해 OpenSCAD로 내보내기를 합니다. 필요하다면 두께를 2mm 등으로 다르게 할 수 있습니다.

26 형상들을 인쇄합니다.

27 모빌을 조립하기 위해, 지금까지 만들어진 형상들을 끈 등으로 묶습니다. 큰 도형이 위쪽에 있도록 하고 작은 도형은 아래쪽으로 배치합니다.

28 작업을 마쳤으면, 제일 위쪽의 가장 큰 도형에 있는 제일 위쪽 구멍에 끈을 묶어 모빌을 매달 수 있도록 합니다. 물론 모양이 마음에 들지 않는다면 다른 배치로 조정하면 됩니다.

남은 작업 및 일러두기

- 도형의 어느 위치에 구멍을 만들었는지에 따라 모빌이 제대로 균형 잡지 못할 경우도 있습니다. 적절한 구멍 위치를 결정할 수 있는 방법이 있을까요?
- 구멍 위치를 바꾸게 되면 다른 도형들도 모두 바꿔야 할까요?
- 조형물들의 모양을 바꿔가며 실험해 보십시오. 예를 들어 아기 침대에 적당한 디자인은 어떤 것일까요?

예제 14

에셔 스타일의 타일

학습목표 네덜란드의 예술가인 M.C. 에셔의 모자이크 스타일로 타일을 디자인하고 만들어 봅니다.

배경

네덜란드의 예술가 M.C. 에셔가 수학에서 영감을 받아 창안한 목판화와 석판화는 많은 사람들의 사랑을 받아왔습니다. 그의 작품 중 가장 널리 알려진 형태는 모자이크이고 이러한 작품들은 수학적 아름다움을 담고 있습니다. 예를 들어 그가 1950년 발표한 Circle Limit III(en.wikipedia.org/M_c_escher에서 볼 수 있습니다)는 너무나 매력적인 작품입니다. 그의 작품들은 너무 복잡하여 처음 시도해 보는 입장에서는 3D 타일로 만들어 재현하기가 쉽지 않습니다. 하지만 여러분들이 에셔 스타일로 디자인한 타일을 만들어볼 수는 있습니다.

차세대과학교육표준(NGSS) 기준

- 과목별 핵심주제 : 공학
- 학습방법: 시행착오 및 실험

수학 핵심공통교육과정 (CCSS) 연계성

- 문제의 개념을 이해하고 끈기 있게 해결해야 함
- 추상적이고 정량적인 사고
- 적절한 도구의 체계적 활용
- 정밀도의 중요성에 대한 인식
- 구조적 특징을 찾아내고 이용하는 능력
- 반복적인 추론을 통해 규칙성을 발견하고 표현할 수 있음

따라 해보기

1. SketchUp Make를 다운받아 설치합니다.

2. SketchUp을 실행하면 템플릿을 선택해야 합니다. 3D 프린팅의 밀리미터 템플릿을 선택하십시오.

3. 메뉴에 있는 **[확장기능 Extension Warehouse]**에서 SketchUp STL 확장기능을 설치하여 타일 모델을 프린터로 내보내기할 수 있도록 합니다. 이 단계를 마치면 SketchUp을 사용할 수 있습니다.

4. 마우스로 Makerbot을 선택하고 **[삭제 delete]** 키를 눌러 지웁니다.

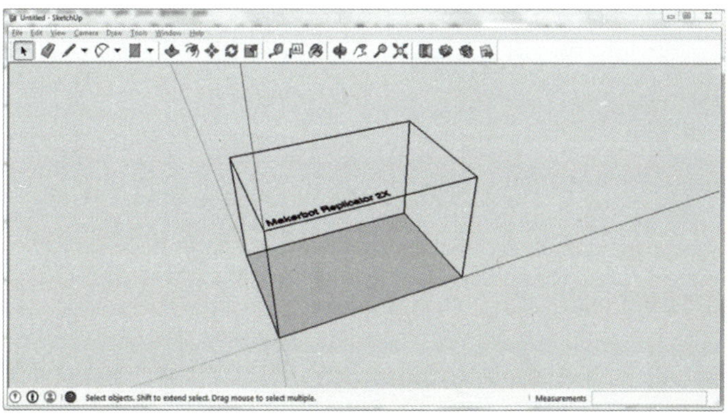

5 [카메라 Camera]메뉴에 있는 [표준 보기 Standard Views]에서 [위쪽 Top]를 선택하면 작업공간을 바로 밑으로 내려다볼 수 있습니다.

6 카메라 메뉴에서 시점고정 선택을 해제합니다.

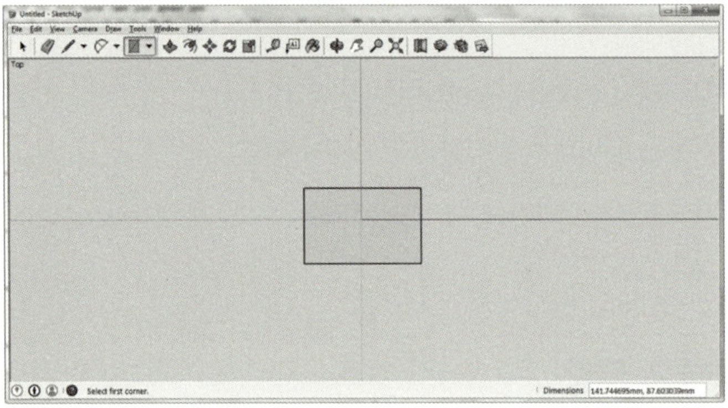

7 메뉴 표시줄 밑의 [도형 shapes] 도구를 이용하여 직사각형을 하나 그립니다. 마치 직사각형에 직선이 관통한 것 같이 보입니다. 지금 단계에서는 크기에 신경 쓰지 않아도 됩니다.

8 다음으로, [연필 pencil] 아이콘을 이용하여 제일 위쪽 모서리 주변에 연결된 직선들을 몇 개 그립니다.

9 메뉴 표시줄 아래쪽 좌측에 있는 검은색 화살표 모양의 선택 도구를 사용하여 8번에서 만들어진 삼각형들을 모두 선택합니다. Shift 키를 누른 채로 각 도형들을 클릭하면 됩니다.

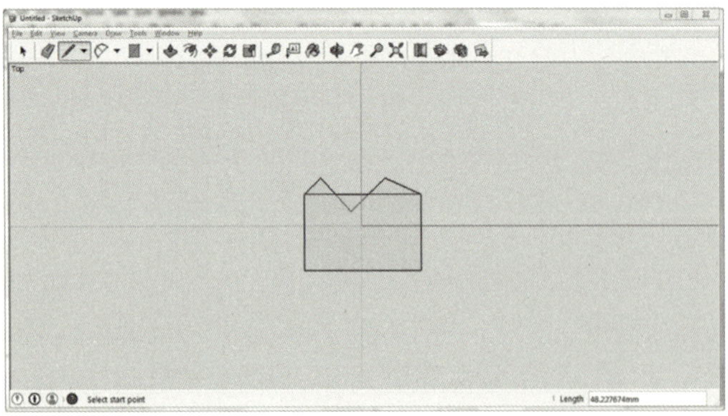

10 다음으로 네 개의 빨간 화살표 그림이 있는 좌표아이콘을 클릭한 후 좌측 제일 위쪽 꼭짓점으로 커서를 이동시킵니다. 꼭짓점 위로 커서가 이동하면 메시지가 나타납니다. Ctrl 키와 마우스 왼쪽 버튼을 누른 상태로 위쪽 꼭짓점을 끌어 아래쪽 꼭짓점으로 내립니다. 이렇게 하면 선택된 삼각형의 복사본이 사각형의 아래쪽 모서리로 이동됩니다.

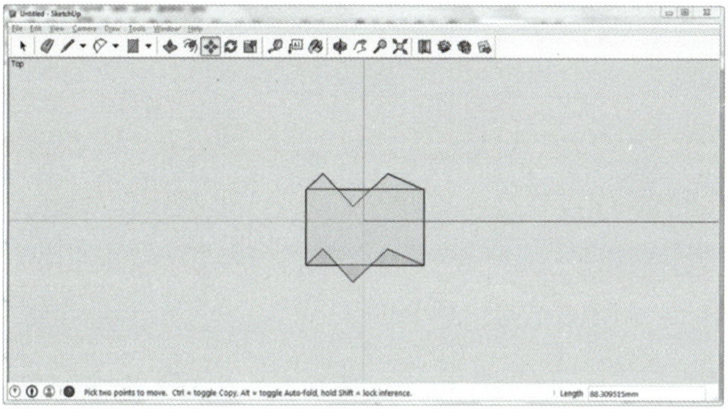

11 직사각형의 오른쪽 모서리에도 이러한 작업을 반복한 후 왼쪽 모서리로 복제시킵니다.

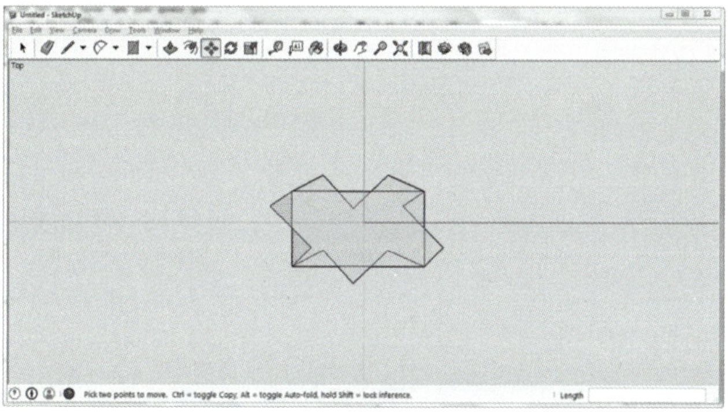

12 이제 지우개 도구로 직사각형의 선들을 모두 지우면 새로운 도형만 남습니다.

13 이렇게 얻어진 도형은 마치 새처럼 보이기도 하는데, 지금 단계에서는 어떻게 보이든 상관없습니다. 도움말 등을 참조하여 연습을 반복 하면 더 나은 모양을 만들 수 있게 됩니다. 이제 남은 일은 이 모양이 타일처럼 서로 꼭 맞게 되는지 확인하는 것입니다.

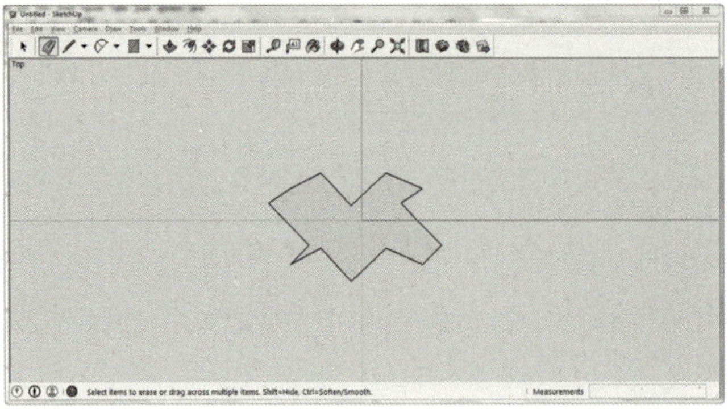

14 복사하기 전에, 인쇄하면 멋진 타일이 될 수 있도록 도형에 두께를 주도록 하겠습니다. 메뉴 표시줄 아래쪽에 있는 자 아이콘를 이용하면 길이를 측정할 수 있는데, 지금 그려진 도형은 길이가 약 160mm로 인쇄하기에는 너무 큽니다. (도형의 크기는 여러분 각각 다를 것입니다.) 이제 한 번에 몇 개씩 인쇄할 수 있도록 크기를 약간 줄여 보겠습니다. 1/4 정도로 축소하면 적당하겠습니다.

15 축소하려면 먼저 타일을 선택하고 자 그림의 왼쪽에 있는 확대/축소(Scaling) 아이콘를 선택합니다. 그러면 타일 주변에 녹색 점들이 몇 개 생기는데, 타일이 본래 크기의 0.25배가 될 때까지 오른쪽 위의 점을 중심 쪽으로 끌어 옵니다.

16 이제는 타일이 너무 작아져서 작업이 불편하므로 붉은 화살표가 3개 그려진 확대경 아이콘을 눌러 타일 모양이 화면을 꽉 채우도록 합니다.

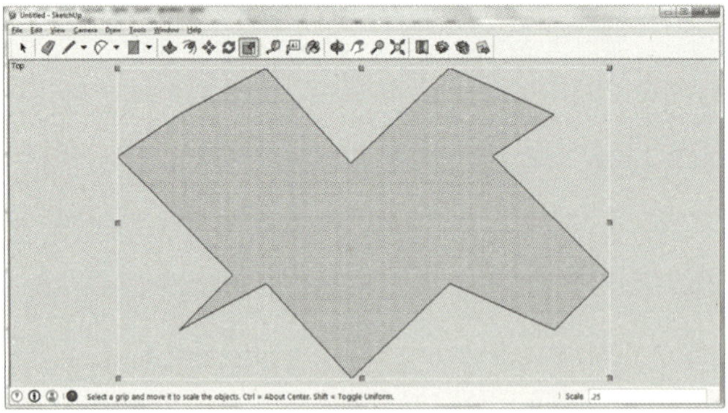

17 타일에 두께를 주도록 하겠습니다. 먼저 카메라 메뉴의 표준보기에서 아이소(Iso)를 선택합니다.

18 타일을 선택하고 밀고 당기기(Push Pull) 아이콘를 선택합니다. 이 도구는 사각형의 면에서 화살표가 튀어 나오는 모양을 하고 있습니다. 마우스로 도형의 아무 곳이나 클릭하고 끌어올려 두께가 4mm가 되도록 합니다. 끌어올린 거리는 화면의 하단에 표시됩니다. 정확한 높이를 주려면 거리(Distance) 표시 옆에 있는 창에 4mm를 입력하여 정확한 높이에 맞출 수 있습니다.

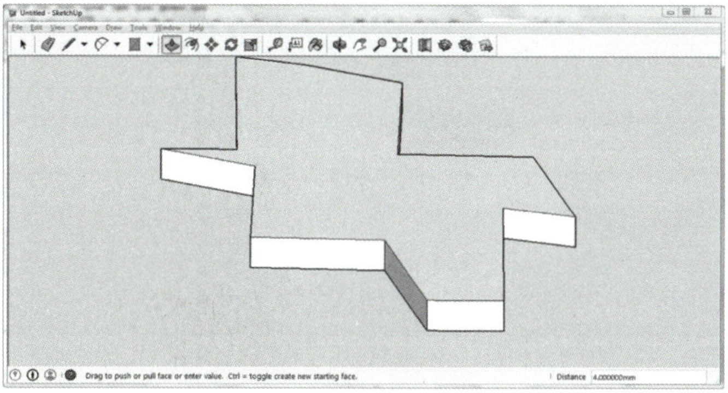

19 Ctrl-A로 타일 전체를 선택하고 G 키를 눌러 컴포넌트(Component)로 만듭니다. 이렇게 하면 타일을 복제하고 이동시켜도 모든 부분이 서로 일체로 붙어있도록 유지됩니다.

20 작업을 저장합니다.

21 이제 완성되었는데, 타일들끼리 잘 맞춰지는지 확인해 볼 수 있습니다.

22 카메라의 맨 위(Top) 보기를 선택하고 확대경 도구를 이용하여 한 화면에 타일이 몇 개 정도 보이도록 작게 보이도록 합니다.

23 타일을 선택합니다. 타일은 이제 컴포넌트가 되었기 때문에 선택하면 주변에 직사각형이 생길 것입니다.

24 이동(Move) 아이콘를 클릭하고 타일의 왼쪽 꼭짓점으로 마우스를 옮긴 후 Ctrl 키와 마우스의 왼쪽 버튼을 같이 누른 채로 끌어서 복사본이 오른쪽으로 옮겨지도록 합니다. 한 번에 더 많이 복제하려면 오른쪽 하단의 창에 4x 등을 입력하여 원하는 수만큼

한 번에 복제되도록 할 수 있습니다.

25 손 모양으로 생긴 시점이동(Pan) 아이콘를 이용하여 타일 전체를 볼 수 있도록 화면을 이동시킵니다.

26 타일 패턴의 수직방향에 대해서도 마찬가지로 반복합니다.

27 페인트(Paint) 아이콘를 이용하여 타일들을 대비 색상으로 채웁니다. 화면에 보이듯이, 타일들은 화면을 빈 틈 없이 채울 수 있습니다.

28 이제 타일들을 인쇄할 수 있도록 내보낼 수 있습니다.

29 타일을 6개만 남기고 모두 지운 후에 이동 도구로 약간씩 이동시켜 인쇄한 후에 서로 잘 떨어질 수 있도록 합니다.

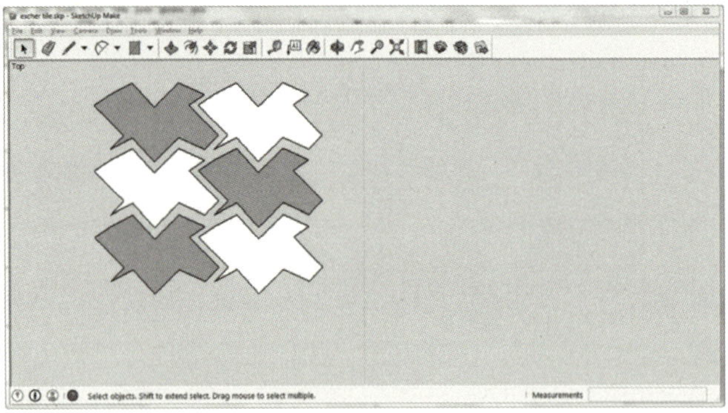

30 [파일 file] 메뉴에서 [STL로 내보내기 export to STL]을 선택합니다. 선택이 안 될 경우, [파일 file] 메뉴의 [내보내기 export] 메뉴에 있는 3D 모델 선택 칸에서 OBJ 옵션을 선택합니다.

31 이 옵션을 선택했다면, 만들어진 OBJ 파일을 Meshlab에서 열 수 있습니다. 색상에 대한 경고가 뜰 수 있지만 무시하셔도 좋습니다. 이제 타일들이 화면에서 돌려 볼 수 있도록 나타나게 됩니다.

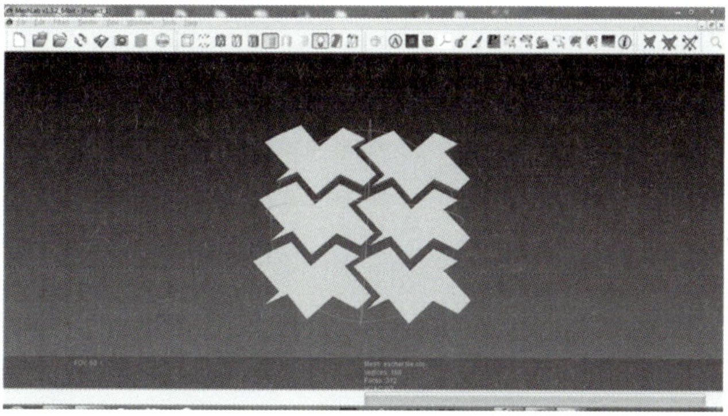

32 [파일 file] 메뉴에서 [메쉬 내보내기 export as Mesh]를 선택하여 파일을 STL로 내보냅니다.

33 이제 완성되었습니다. 여러 가지 색상으로 출력하여 멋진 패턴들을 만들어 봅니다.

남은 작업 및 일러두기

- 이 예제는 SketchUp를 새롭게 배우며 유용한 기능들을 설며하였습니다. 그 밖에 어떤 기능 들이 있는지 실습해봅니다.
- 어떻게 하면 마치 동물처럼 생긴 도형들을 만들 수 있을까요?
- 이 예제에서는 사각형을 변형시키기 위해 직선을 이용하였습니다. 원호나 다른 곡선으로도 할 수 있습니까?
- 직사각형 대신 삼각형이나 육각형으로 에셔 스타일의 타일들을 만들 수 있을까요? 온라인에서 모자이크를 검색하시면 많은 자료들을 찾을 수 있습니다.

예제 15

전기회로 예제를 위한 상자

학습목표 전기회로 예제에 사용할 수 있는 맞춤형 상자를 디자인하고 만들어 봅니다.

배경

이 책의 주된 관심사는 3D 프린팅이지만, 여기에 전구나 컴퓨터 또는 로봇용 회로 등 전기 회로가 조합된다면 더 멋진 예제가 될 수 있습니다.

차세대과학교육표준(NGSS) 기준

- 과목별 핵심주제 : 공학
- 학습방법: 시행착오 및 실험

수학 핵심공통교육과정(CCSS) 연계성

- 문제의 개념을 이해하고 끈기 있게 해결해야 함

- 적절한 도구의 체계적 활용
- 정밀도의 중요성에 대한 인식
- 구조적 특징을 찾아내고 이용하는 능력

준비물

- LED 전구
- LED 전구용 3V 리튬이온 전지(2032)
- 2032 전지용 배터리 홀더
- 소형 토글스위치(단극 쌍투형). (이상의 물품들은 Amazon에서 아주 저렴하게 묶음 판매하고 있습니다. 기타 전기부품 취급점도 확인해 보십시오.)
- 24 AWG 절연 전선
- 납땜기 및 땜납
- 스위치 및 LED 직경 측정용 캘리퍼스
- 글루건

따라 해보기

1. Inkscape를 실행하여 한 변의 길이가 80mm인 정사각형을 그립니다.
2. 마음에 드는 색상으로 채웁니다.

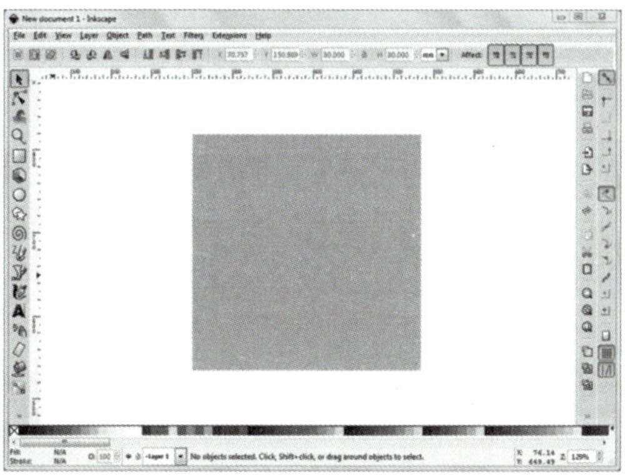

3 이 정사각형을 복사하여 빈 공간에 붙여 넣습니다.

4 한 변 길이가 75mm인 정사각형을 하나 더 만들어 다른 색상으로 채웁니다.

5 이것을 80mm 정사각형 위에 놓고 중심을 맞춥니다.

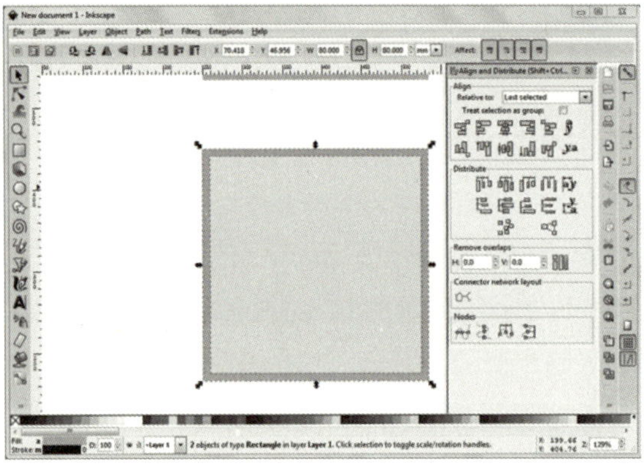

6 **[경로 path]** 메뉴의 **[차 difference]** 도구를 이용하여 두 정사각형이 두께 2.5mm의 사각 벽면으로 돌출되게 합니다.

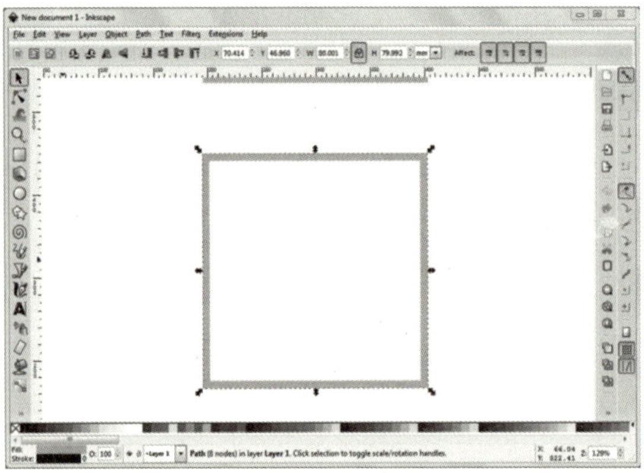

7 이 예제에서는 이 상자 안에 스위치와 전구를 넣을 수 있도록 할 것입니다. 물론 다른 용도로도 디자인할 수 있습니다.

8 상자 뚜껑을 LED 전구와 스위치를 끼울 수 있는 플랫폼으로 만들어야 합니다.

9. 캘리퍼스를 이용하여 LED 베이스 위의 플라스틱 셸 직경을 측정합니다. 전구를 끼워 넣되 완전히 통과되지는 않도록 만들기 위해서입니다.
10. 토글스위치에 대해서도 반복합니다. 스위치의 부싱에 육각너트가 끼워져 플랫폼에 고정될 것입니다.
11. 측정값을 이용하여 전구와 스위치 부싱의 직경을 갖는 원들을 그립니다.
12. 이 구멍들을 대비 색으로 채웁니다.
13. 스위치용 원을 플랫폼의 적당한 위치로 옮깁니다.
14. LED용 구멍을 복사하여 여러 개 붙여 넣습니다.

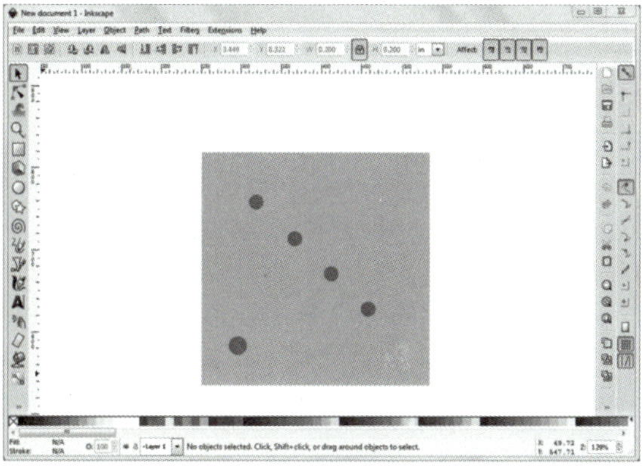

15. 정사각형 플랫폼과 이 구멍들 중 하나를 선택합니다.
16. **[경로 path]** 메뉴의 **[차 difference]** 도구를 이용하여 원을 구멍으로 만듭니다.
17. 남은 원들에 대해서도 반복합니다.

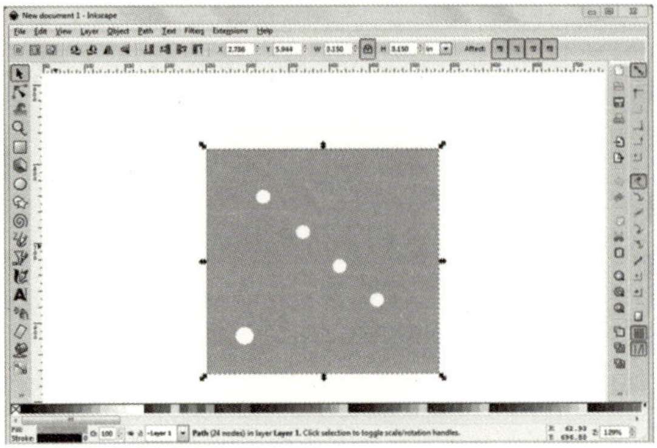

⓲ 플랫폼을 선택합니다. 현재는 위에서 보는 것과 같이 되어 있지만 이 모양을 뒤집기 (flipping) 아이콘를 이용하여 수직 또는 수평 방향으로 뒤집어야 합니다.

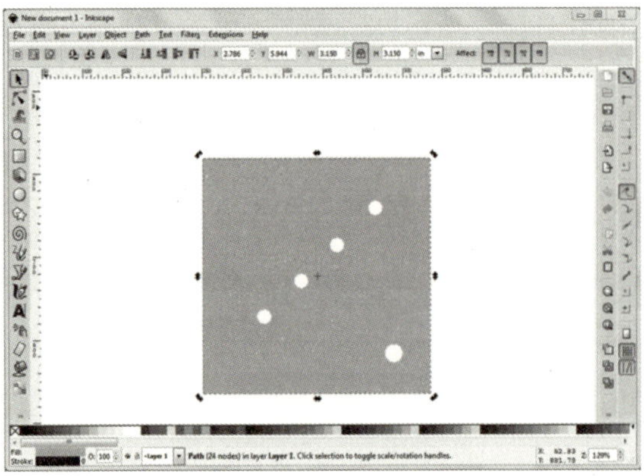

⓳ 이제 3D 프린터로 인쇄할 수 있도록 돌출시킵니다. 18번에서 뒤집혀진 플랫폼을 선택하고, **[[확장기능 extensions]** 메뉴의 **[경로로부터 생성 generate from paths]**에 있는 **[경로에서 OpenSCAD Paths to OpensSCAD]**를 선택합니다. 잘 되었다면 두께를 입력할 수 있는 창이 열리게 되고 2.5mm 정도를 입력한 후 {box platform.scad}과 같이 파일 이름을 지정하여 **[적용 apply]하고 [마침 done]**을 누릅니다. 이제 OpenSCAD에서 열릴 수 있는 파일이 생성되었습니다.

⓴ 벽면 윤곽을 선택하고 같은 방법을 반복합니다. 이 경우에, 50mm 정도를 돌출시켜 상자 내부의 충분한 공간을 마련합니다. {box platform2.scad}와 같이 다른 이름으로 저장합니다. 이제 상자를 조립할 준비가 되었습니다.

21 작업들을 모두 저장합니다.

22 지금까지 만들어진 OpenSCAD 파일을 열고 **[디자인 design]** 메뉴에서 **[컴파일 & 렌더 Complie and Render]**(혹은 F6 키)를 선택합니다. 그려진 형상이 회전시켜 돌려 볼 수 있는 3D로 나타납니다.

23 각각의 모양에 대해 디자인 메뉴의 **[STL로 내보내기 Export as STL]**를 이용하여 {platform.stl}, {walls.stl}과 같이 찾기 쉬운 이름으로 저장합니다.

24 Meshlab으로 조립 작업이 완성될 수 있습니다. Meshlab에 플랫폼과 벽면의 STL 파일들을 불러오게 되면, 밑면이 뚫린 상자에 다른 부품들을 넣을 수 있도록 만들어집니다.

25 상자의 배치가 제대로 되었는지 돌려 보면서 확인합니다.

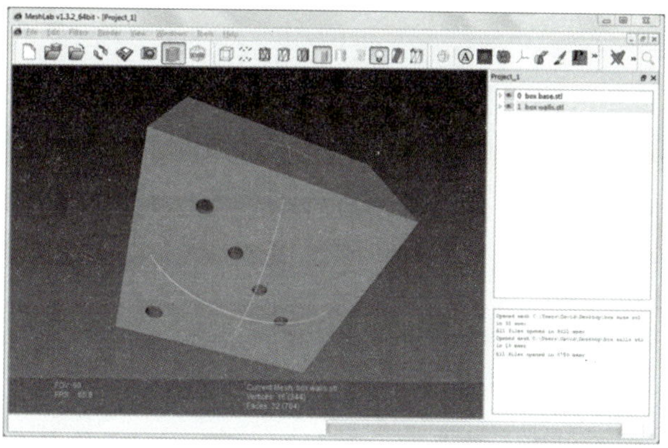

26 종이뭉치처럼 생긴 레이어(Layers) 아이콘을 누르면 오른쪽에 두 객체의 레이어를 보여주는 창이 열립니다.

27 레이어 이름 중 하나에 대고 마우스의 오른쪽 클릭을 하여 이미지 붙이기(Flatten Image)도구를 선택합니다. 이제 두 부품이 연결되었습니다.

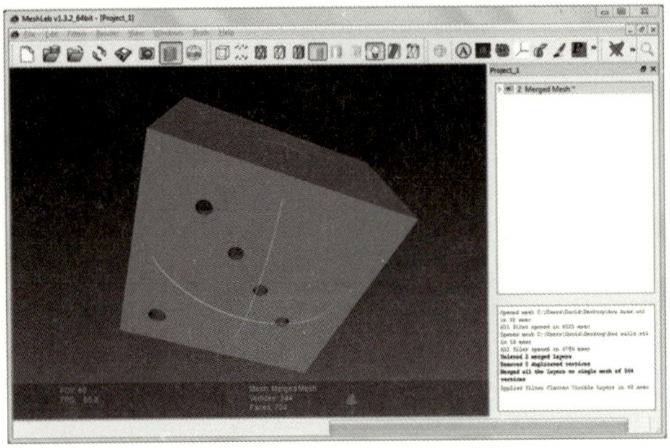

28 플로피디스크처럼 생긴 **[메쉬 내보내기 export as Mesh]** 아이콘을 눌러 완성된 상자를 {finished box.stl}과 같이 STL 파일로 내보냅니다.

29 완성된 상자를 인쇄합니다.

30 이제 전기 부품들을 연결합니다. 이 책의 범위를 벗어나기 때문에 생략하겠지만 작업이 어렵지 않고 또한 인터넷에 관련된 정보들이 많이 있습니다. LED는 반드시 제대로 연결되어야만 점등되기 때문에 만약 불이 켜지지 않는다면 극성을 반대로 하여 다시 연결하면 될 것입니다.

31 상자가 그리 크지 않기 때문에 전기회로들의 납땜 작업을 모두 끝내고 테스트를 마친 후에 상자 속에 넣는 것이 좋습니다. 그 다음 회로 부품들과 배터리 홀더 등이 움직이지 않도록 벽면에 고정합니다.

남은 작업 및 일러두기

- 이 예제는 하나의 예시에 불과하지만 전기회로와 LED를 상자 속에 멋지게 집어넣는 작업이었습니다. 라즈베리파이(Raspberry Pi) 컴퓨터 보드 혹은 아두이노 컨트롤러(Arduino Controller) 보드를 갖고 있다면 이번 작업처럼 전용 케이스를 만들 수 있습니다. 이 경우 USB 포트용 구멍 등을 정확히 측정해야 합니다.
- 상자가 반드시 사각형일 필요는 없습니다. 이 예제와 같은 과정으로 다른 모양의 상자를 만들 수도 있습니다. 삼각형 플랫폼을 한 번 만들어 보십시오.

예제 16

하노이탑

학습목표 하노이 탑 퍼즐을 디자인하고 제작합니다. 그리고 변형된 형태를 연구해 봅니다.

배경

하노이(Hanoi) 탑을 브라마(Brahma) 타워 혹은 루카스(Lucas) 타워라고도 불리며, 수학 퍼즐의 하나입니다. 세 개의 기둥이 있고 여기에 크기가 서로 다른 원반(디스크)들이 끼워져 쌓이게 됩니다. 가장 처음의 상태는 하나의 기둥에 가장 작은 디스크가 가장 위로 가도록 크기순으로 마치 원뿔처럼 쌓여 있습니다. 이 탑의 목표는 초기 상태를 유지하며, 모든 디스크를 다른 기둥으로 옮기는 것이며, 다음과 같은 규칙을 따라야 합니다.

1. 한 번에 디스크는 한 장만 옮길 수 있습니다.
2. 한 개의 기둥에서 가장 위쪽의 디스크만 다른 기둥으로 옮길 수 있습니다.
3. 작은 디스크 위에 큰 디스크를 올려놓을 수 없습니다.

이 퍼즐의 배경이 되는 수학은 흥미로우면서도 반직관적입니다. 그래서인지 소수 연구의 선구자였던 수학자 루카스(Edouard Lucas)가 1883년에 하노이탑을 처음 만든 이후 전 세계적으로 알려지게 되기도 했고 그 자체로도 탐구할만한 가치가 충분히 있습니다.

차세대과학교육표준(NGSS) 기준

- 과목별 핵심주제 : 공학
- 학습방법: 시행착오 및 실험

수학 핵심공통교육과정(CCSS) 연계성

- 문제의 개념을 이해하고 끈기 있게 해결해야 함
- 추상적이고 정량적인 사고
- 근거 있는 의견을 제시하고 다른 사람의 논리를 비평함
- 수학을 이용한 모델링
- 적절한 도구의 체계적 활용
- 정밀도의 중요성에 대한 인식
- 구조적 특징을 찾아내고 이용하는 능력
- 반복적인 추론을 통해 규칙성을 발견하고 표현할 수 있음

따라 해보기

1. Inkscape를 실행하고 직경 60mm의 원을 그립니다. 원을 두 개 복제하여 다음의 그림과 같이 놓습니다. 필요한 경우 **[정렬/배치 align and distributes)]** 도구를 사용하여 아래쪽 두 원의 중심이 맞춰지고 서로 닿도록 할 수 있습니다. 그 다음엔 위쪽의 원을 쉽게 올려놓을 수 있습니다.

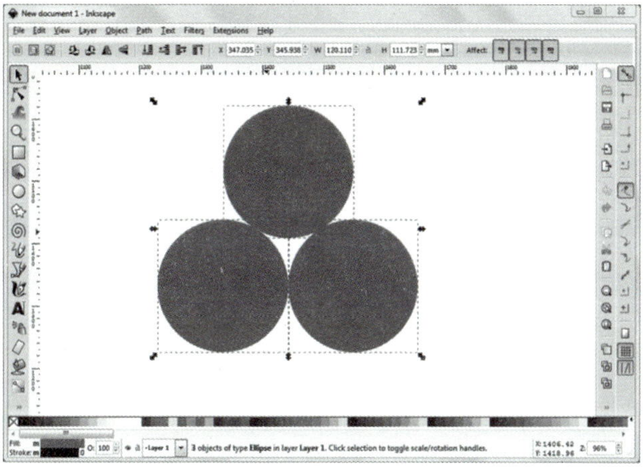

2 다음으로 지름 10mm의 원을 3개 만들어 큰 원들의 중심 위로 각각 올려놓습니다. 역시 정렬 도구를 사용하여 각 원의 중심이 정확히 일치하도록 합니다. 이 원들은 우리가 만들 타워의 기둥 받침이 됩니다.

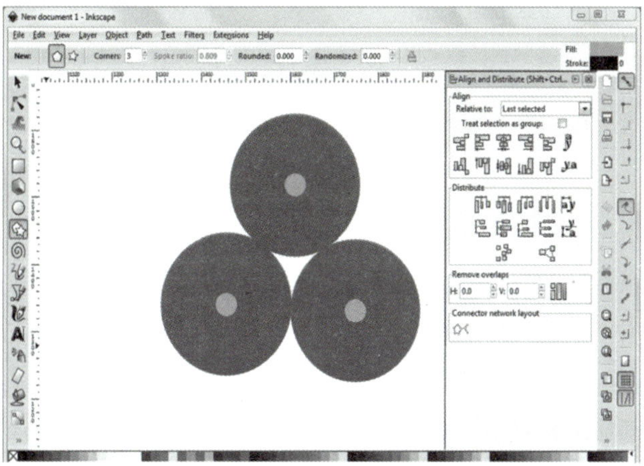

3 좌측 툴바에서 다각형(Polygon) 아이콘를 선택하고 삼각형을 하나 그린 후 각 꼭짓점이 작은 원의 중심에 있도록 조절합니다.

4 작은 원들을 선택하고 그룹화(Ctrl-G)한 후 큰 원들 옆쪽으로 옮깁니다.

5 삼각형과 큰 원들을 선택하고 **[경로 path]** 메뉴에서 **[합 Union]**를 선택합니다. 이렇게 하면 타워의 기초부분 모양이 만들어집니다.

6. 작업을 {towers.svg}로 저장합니다.

7. 이제 3D 프린터가 만들 수 있는 형태로 돌출시켜야 합니다. 먼저 제일 큰 부분을 선택하고 [확장기능 extensions] 메뉴의 **[경로로부터 생성 generate from paths]**에 있는 **[경로에서 OpenSCAD Paths to OpensSCAD]**를 선택합니다. 잘 되었다면 두께를 입력할 수 있는 창이 열리게 되고 3mm 정도를 입력한 후 {towerbase.scad}과 같이 파일 이름을 지정하여 적용하고 마침을 누릅니다. 이제 OpenSCAD에서 열릴 수 있는 파일이 생성되었습니다.

8. 만들어진 OpenSCAD 파일을 열고 **[디자인 design)]** 메뉴에서 **[컴파일 & 렌더 complie and render]**(혹은 F6 키)를 선택합니다. 그려진 형상이 회전시켜 돌려 볼 수 있는 3D로 나타납니다.

9. 각각의 모양에 대해 디자인 메뉴의 **[STL로 내보내기 export as STL]**를 이용하여 {towerbase.stl}와 같이 찾기 쉬운 이름으로 저장합니다.

10. 그룹으로 묶인 작은 원들에 대해서도 똑같은 방법으로 반복합니다. 이것은 기둥 부분이 될 것이며 내보내기 작업에서도 그룹으로서 처리됩니다. 이 기둥들은 디스크들이 끼워져야 하므로 50mm만큼 돌출시킵니다.

11. OpenSCAD에서 {towerpillars.stl}로 내보냅니다.

12. Meshlab으로 조립 작업이 완성될 수 있습니다. Meshlab에 타워의 기초부분과 기둥의 STL 파일들을 불러오게 되면, 기초부분과 기둥의 중심이 잘 맞춰진 상태로 나타나게

됩니다.

13 다음으로 종이뭉치처럼 생긴 레이어(Layers) 버튼을 누르면 오른쪽에 두 객체의 레이어를 보여주는 창이 열립니다.

14 레이어 이름 중 하나에 대고 마우스의 오른쪽 클릭을 하여 이미지 붙이기(Flatten Image)를 선택합니다. 이제 두 부품이 연결되었습니다.

15 플로피디스크처럼 생긴 **[메쉬 내보내기 Export as Mesh]** 아이콘을 눌러 완성된 상자를 {finished puzzlebase.stl}과 같이 STL 파일로 내보냅니다.

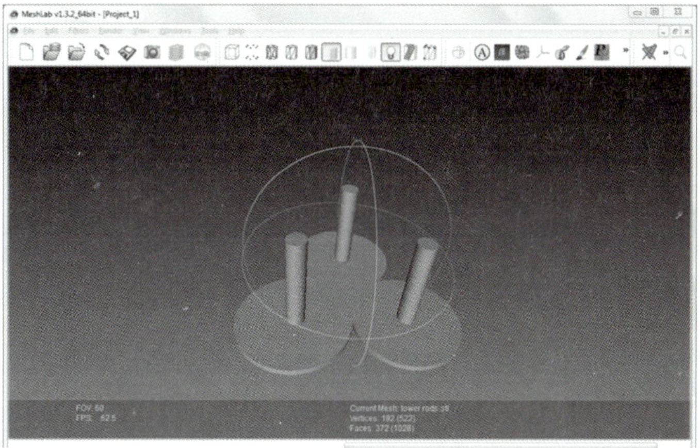

16 완성된 퍼즐의 기초부분을 인쇄합니다.

17 퍼즐놀이를 완성하려면 디스크를 만들어야 합니다.

18 먼저 디스크를 다섯 개 만들겠습니다. Inkscape를 이용하여 50mm, 45mm, 40mm, 35mm, 30mm의 크기를 갖는 디스크들을 만듭니다. 한 번에 인쇄될 수 있도록 서로 가깝게 놓습니다.

19 기둥 지름이 10mm이므로 디스크의 구멍이 약간 더 커야 합니다. 지름 11mm의 원을 그려서 다른 색으로 채웁니다.

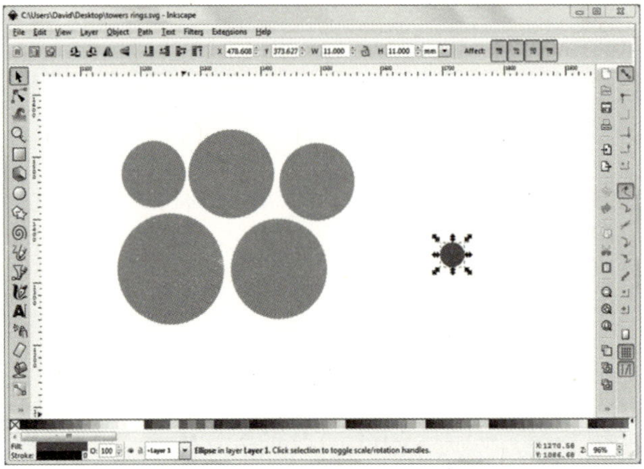

20 작은 원들을 복사하여 큰 원들의 중심 위로 올려놓습니다. **[정렬/배치 Align and distribute]** 도구를 쓰면 편리합니다.

21 이제 큰 원과 중심의 작은 원을 한 쌍씩 선택하고 **[경로 path)]** 메뉴에서 **[차 difference]**를 선택하여 구멍을 만듭니다.

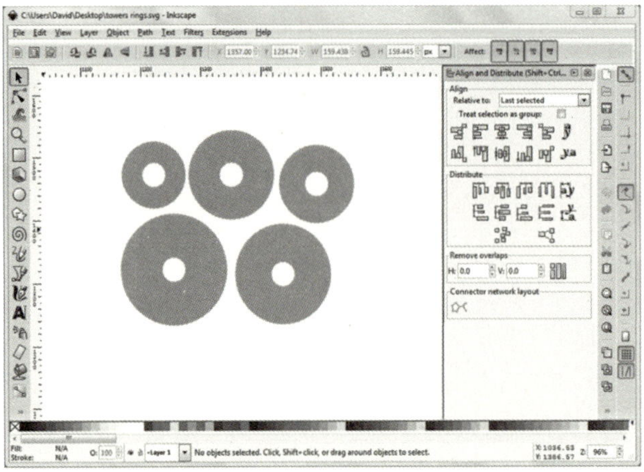

22 디스크 다섯 개를 모두 선택하고 돌출 두께를 3mm 정도로 하여 OpenSCAD로 내보내기를 합니다.

23 OpenSCAD로 디스크들에 대해 **[컴파일 & 렌더 compile and render]**를 하고 {disks.stl}과 같이 STL 파일로 내보냅니다.

24 필요한 경우 Meshlab에서 완성된 파일을 열고 미세한 오류들을 청소할 수 있습니다.

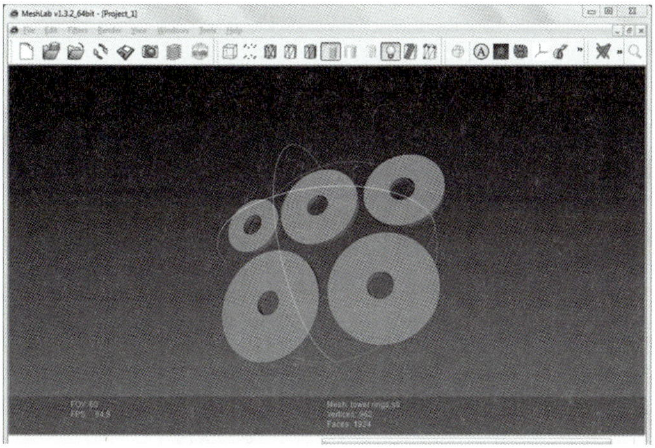

25 타워에 입힌 색과는 다른 색으로 디스크들을 인쇄합니다.

26 디스크들을 큰 것에서부터 작은 것의 순서로 가장 왼쪽 기둥에 쌓아 놓고 퍼즐 게임을 시작합니다.

남은 작업 및 알려두기

- 디스크 하나로 시작했다면 디스크를 단 한번 움직여서 퍼즐을 마치게 됩니다. 두 개였다면 3번을 움직여야 합니다. 디스크 개수가 변하면 움직임의 수는 어떻게 변할까요? 어떤 규칙을 발견할 수 있습니까?
- 디스크 개수가 늘어남에 따라 이동하는 횟수가 늘어나는 비율이 놀랍지 않나요? 이 결과가 반직관적인 이유는 무엇인가요?
- 베이스를 새로 만들어서 기둥을 하나 더 꽂을 수 있도록 합시다. 이 경우 움직이는 횟수는 어떻게 변하나요? 이전보다 조금 더 큰 디스크들을 몇 개 더 추가하여 퍼즐을 풀 때 움직임 횟수는 어떤 새로운 패턴을 가지는지 관찰합시다.
- 지금까지 발견한 것들을 기초로 하여 임의 개수의 디스크와 기둥이 주어진 경우 퍼즐을 풀기위해 움직이는 횟수를 알아낼 수 있습니까? 디스크 수와 기둥 수가 같은 경우에 얻는 결과는 디스크 수가 같아도 기둥 수가 다른 경우일 때와는 다른 결과를 주게 됩니다.

예제 17

그리스 신전

학습목표 고대 그리스 신전 풍의 모델을 디자인하고 만들어 봅니다.

배경

파르테논과 같은 그리스 신전들은 고대에나 지금이나 아름다움을 느끼게 합니다. 이 예제를 통해 신전의 기본 구성과 건축 구조를 이해할 수 있는 좋은 모델을 만들 수 있습니다.

차세대과학교육표준(NGSS) 기준

- 과목별 핵심주제 : 공학
- 학습방법: 시행착오 및 실험

수학 핵심공통교육과정(CCSS) 연계성

- 문제의 개념을 이해하고 끈기 있게 해결해야 함
- 추상적이고 정량적인 사고

- 근거 있는 의견을 제시하고 다른 사람의 논리를 비평함
- 수학을 이용한 모델링
- 적절한 도구의 체계적 활용
- 정밀도의 중요성에 대한 인식
- 구조적 특징을 찾아내고 이용하는 능력
- 반복적인 추론을 통해 규칙성을 발견하고 표현할 수 있음

따라 해보기

1. SketchUp을 실행하고 3D 프린팅 밀리미터 템플릿을 이용합니다.
2. Makerbot Replicator2x를 선택 후 지웁니다.
3. 폭 80mm과 황금률의 비율을 갖는 직사각형을 그립니다. 마우스를 움직여 이 비율이 되면 화면을 통해 알 수 있습니다.
4. 확대경 도구를 이용하여 이미지가 스크린의 좋은 위치에 있는지 확인합니다.

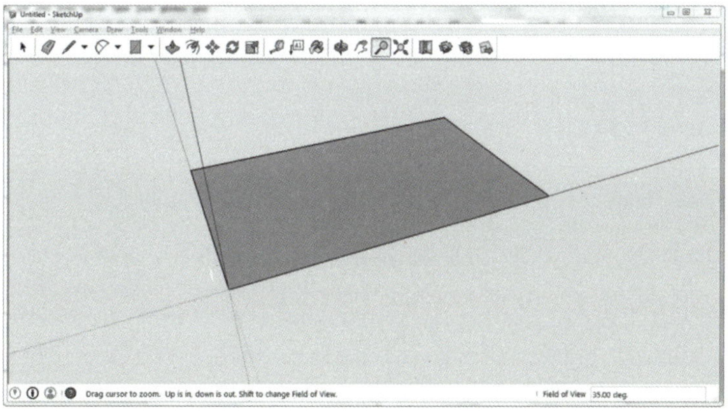

❺ **[밀기/당기기 push/pull]** 도구를 이용하여 직사각형의 바닥을 끌어 3mm의 두께를 갖는 판으로 만듭니다. 이것이 신전의 기초부분이 됩니다.

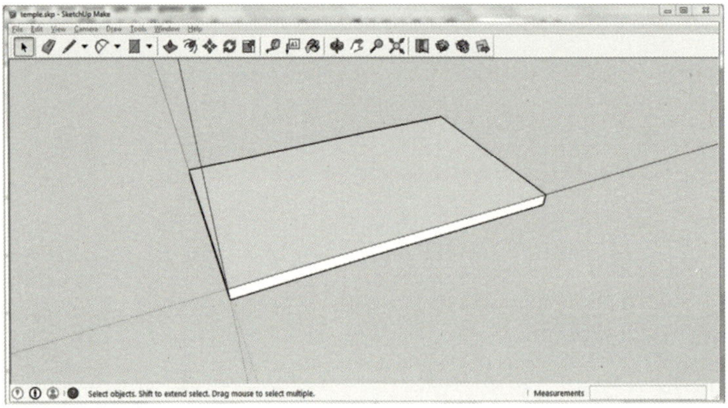

❻ 기초부분을 선택한 후 화살표 4개가 보이는 **[이동 move]** 도구를 선택하여 정면의 좌측 모서리를 클릭합니다. 복사하기 위해 Ctrl 키를 누른 채로 마우스를 끌면 지붕의 기초 부분이 만들어집니다. 얼마나 높아야 하는지는 나중에 조절할 수 있습니다.

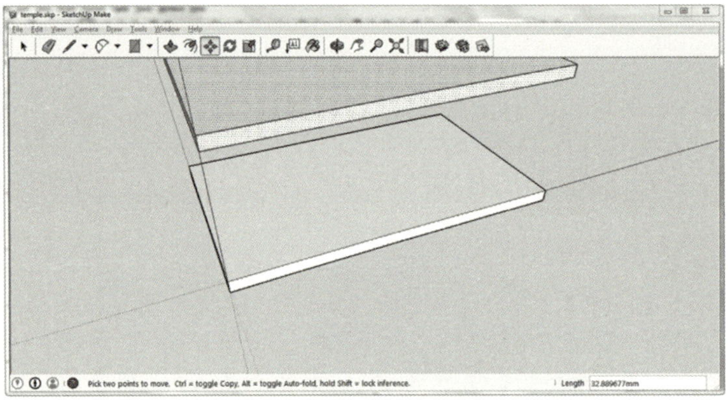

❼ 손 모양의 **[화면이동 pan]** 도구를 이용하여 지붕이 완전히 보이도록 화면을 조절합니다.

❽ 연필(Pencil) 도구를 이용하여 지붕 기초부분의 윗면에서 마주보는 두 중심점을 가로지르는 선을 하나 그립니다. 선에 마우스를 대면 중심점을 자동으로 알려줍니다.

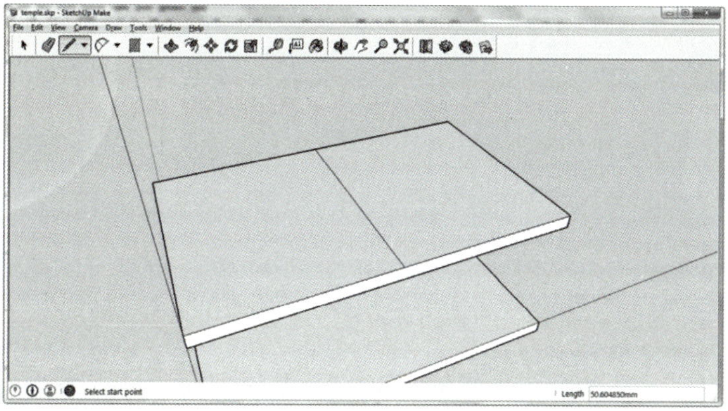

9 검은 화살표 도구로 중심선을 선택한 후 **[이동 move]** 도구로 약간 끌어 올립니다. 지붕 옆면들이 정렬되어야 하므로 수직으로 끌어 올립니다. 움직여보면 적절한 위치들에 가까워지면서 자동으로 선택될 수 있음을 알 수 있습니다. 적당한 위치에서 마우스를 클릭하여 결정합니다.

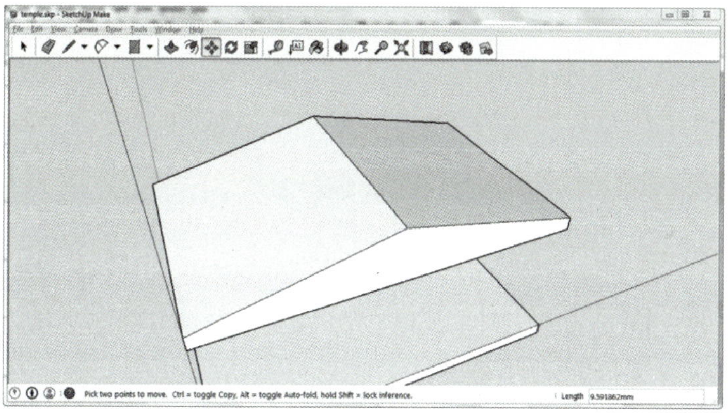

10 **[카메라 보기 camera view]**를 **[정면 front)]**으로 하고 원근 처리(perspective)를 해제합니다. 지붕 전체를 선택하고 이동 도구를 이용하여 기초부분으로부터 떨어뜨립니다.

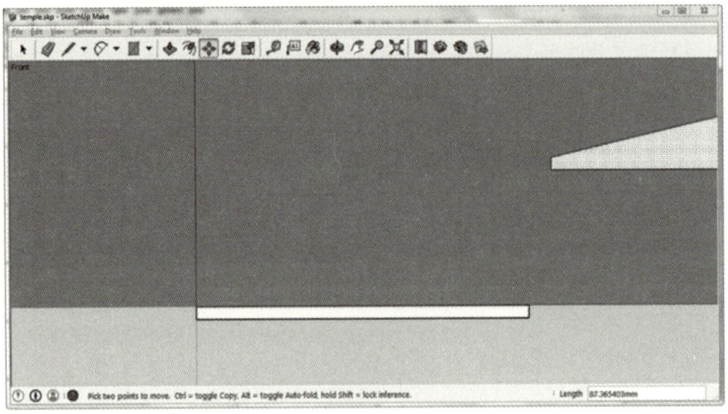

11 [카메라 보기 camera view]를 [아이소 iso]로 하고 지름 3mm의 원을 기초부분에 그립니다.

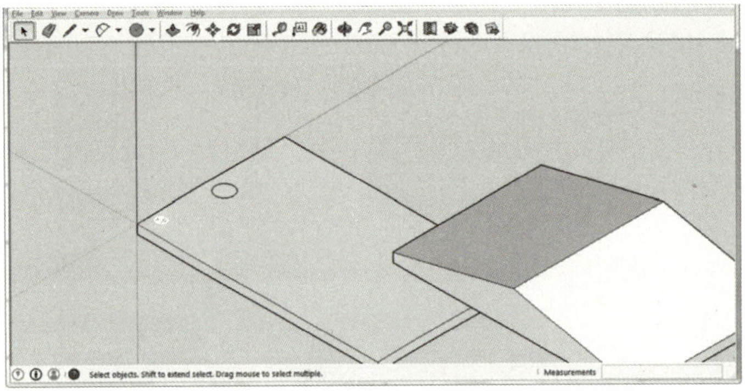

12 원을 선택하고 [밀기/당기기 push/pull] 도구를 이용하여 원기둥을 25mm 끌어 올립니다. 위치는 나중에 조정할 수 있습니다.

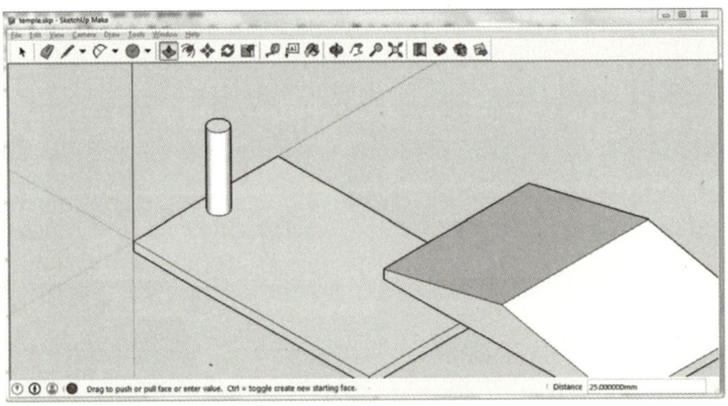

13 작업은 되도록 자주 저장하십시오.

14 다음으로, 카메라를 **[위 top]**로 설정하고 **[이동 move]** 도구를 이용하여 기둥을 한쪽 면으로 옮깁니다.

15 기둥을 선택한 채로, Ctrl 키를 눌러 몇 개 복제한 후 지붕을 받칠 수 있도록 경계 쪽을 배치시킵니다. 예를 들어, 복사본 하나를 10mm만큼 이동한 후 7x를 입력하면 남은 복사본들이 모두 신전 앞쪽으로 정렬됩니다.

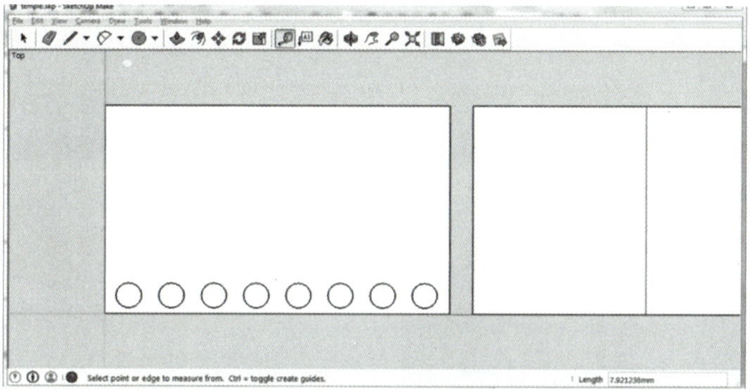

16 Ctrl 키와 이동 버튼을 같이 눌러서 이 기둥들을 신전의 뒤쪽으로 복제하고 배치시킵니다.

17 제일 위쪽에 있는 왼쪽 기둥을 선택하고 복제하여 좌측 모서리를 따라 적절히 배치시킵니다.

18 마지막으로, 왼쪽 모서리의 가운데 기둥 3개를 선택하고 Ctrl-이동하여 오른쪽 모서리로 복제합니다. 이제 필요한 기둥들은 모두 만들어졌으나 정렬이 잘 안되었을 수 있는데, 고대 그리스에서는 용납되지 않았던 일이지요. 각 모서리의 기둥들을 조심스럽게 옮겨서 위치를 적절히 맞춥니다.

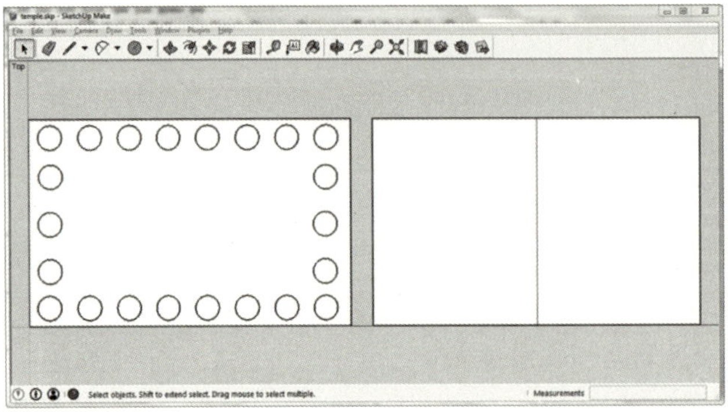

19 이제 신전의 지붕을 덮을 수 있습니다. 카메라를 앞쪽으로 하고 지붕 전체를 선택한 후 이동 도구로 지붕 밑면이 기둥 윗면에 닿도록 올립니다. 카메라 각도를 바꿔가며 잘 되었는지 확인합니다.

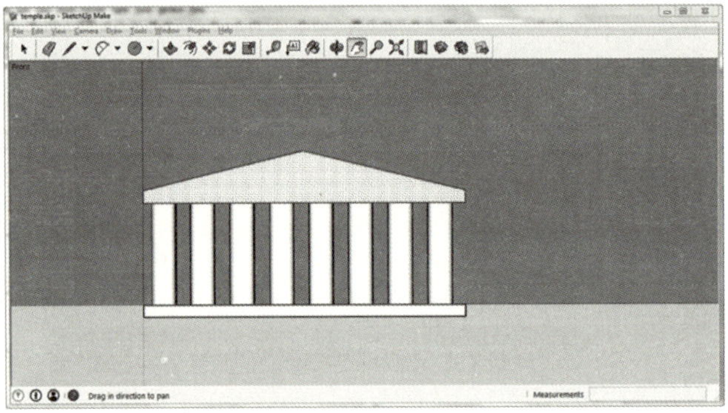

20 아이소(Iso) 카메라 보기로 바꾸어 완성된 신전 디자인을 검토합니다.

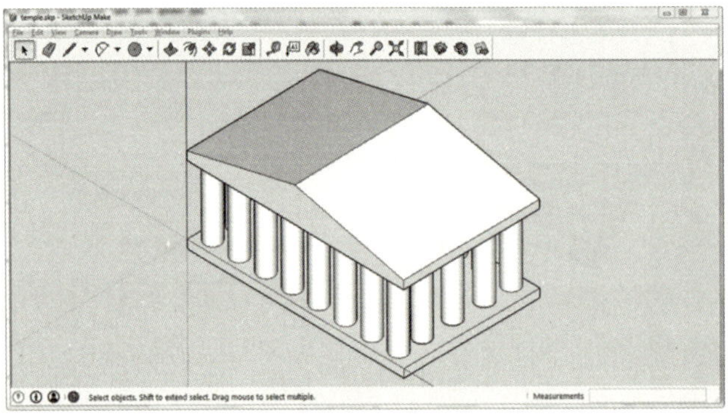

21 3D 모델을 OBJ 파일로 내보내기 하여 Meshlab에서 STL 파일로 변환하면 이제 인쇄할 수 있습니다.

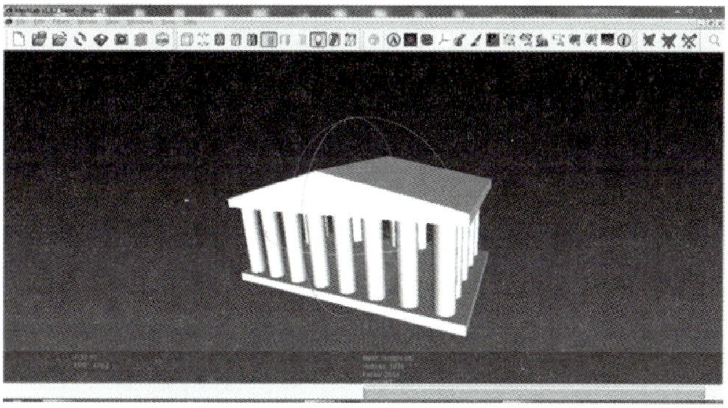

남은 작업 및 일러두기

- 이번에 제작한 신전은 가로 세로 길이가 황금률을 따르고 있습니다. 고대 그리스인들에게 이 황금률이 왜 중요했을까요?
- 지붕을 가장 적절히 받치는 데에 기둥이 몇 개 필요한가요?
- 기둥의 지름이 기둥의 강도와 어떤 연관성을 갖나요?
- 그리스의 기둥들은 상면과 하면에 장식이 되어 있습니다. 이러한 장식이 왜 사용되었는지에 대해 조사해봅니다.

예제
18 나만의 도자기 디자인

학습목표 나만의 세라믹 도자기를 디자인하고 제작해보세요.

배경

이 예제는 지금까지 이 책에서 지켜온 두 가지 규칙을 어기게 됩니다. 첫째, 무료 소프트웨어가 아닙니다. 둘째, 교실의 프린터를 사용하지 않습니다.

우리가 사용할 "Let' s Create! Pottery" 소프트웨어는 3D 프린팅을 통한 도자기 제작의 세계를 열어준 프로그램이며, 아이폰, 아이패드, 안드로이드 기기 및 매킨토시 컴퓨터에서 사용할 수 있습니다. 운영체제에 따라 가격은 미화 $5에서 $10 사이이며, 자세한 정보는 www.potterygame.com에서 찾을 수 있습니다.

지금까지 사용한 전형적인 3D 모델링 소프트웨어와는 다르게 마치 도자기나 화분을 디자인하고 화덕에 구어 가상 시장에서 판매하는 게임의 형식을 띄고 있습니다. 직접 제작한 작품을 가상 시장에서 팔아 벌어들이는 돈으로 다음 번 작품을 위한 색상이나 패턴 혹은 장식물 등을 구입할 수도 있습니다. 또한, 디자인한 작품을 인쇄할 준비가 되었으면, 온라인으로 주문을 넣을 수 있고, 며칠 후 세라믹 3D 프린터로 제작된 작품이 배송됩니다. 작품의 크기나 복잡성에 따라 가격은 미화 $100까지도 될 수 있으나, 작은 작품들은 아주 저렴하게 만들 수 있으므로 제작 시에 크기에 대한 고려가 필요합니다.

PC 기반 소프트웨어의 경우, 손가락 두 개를 사용하여 휠에서 회전하고 있는 클레이의 경계를 만지듯 다룰 수 없기 때문에 가장 어렵지만, 태블릿 앱의 경우, 넓은 화면에서 두 손가락으로 도자기를 만져가며 디자인이 가능하기 때문에, 실재감을 느낄 수도 있습니다.

차세대과학교육표준(NGSS) 기준

- 해당 없음

수학 핵심공통교육과정 (CCSS) 연계성

- 해당 없음

이 예제는 프로그램의 지침을 따르며 직접 따라 해보시길 바랍니다.

예제

19 라이노를 이용한 헤드폰 스탠드 만들기

학습목표 라이노(Rhino V 5.0) 기초 모델링을 통해 헤드폰 거치대를 스케치부터 디자인하고 제작합니다.

배경

3D 프린터로 어떠한 모델을 출력 하려면 3D 모델링 데이터가(stl, obj) 있어야 합니다. 3D 모델링파일을 만들기 위해서는 3D 모델링 프로그램을 사용해야 하는데, 많은 3D 모델링 툴이 있지만 대부분 사용하기 복잡해서 배우는데 시간이 많이 필요합니다. 처음 사용하는 사람도 비교적 쉽게 3D 모델링을 할 수 있는 라이노로 헤드폰 거치대를 만들어 보겠습니다. 하지만 내용은 라이노를 기본적으로 사용할 수 있는 사람을 기준으로 진행 합니다.

전체적인 순서는 다음과 같습니다.

1. 스케치 작업
2. 3D 모델링
3. stl 또는 obj 파일로 모델 저장
4. 3D 프린터 출력

따라 해보기

1. 먼저 만들려는 헤드폰 거치대를 간단하게 스케치 합니다. 대략적인 상상은 몸통은 라운드를 주고, 바닥은 안정적으로 지지하기 위해서 넓게 만들고 헤드폰 거치하는 부분은 헤드폰을 걸 수 있게 움푹 들어가게 만듭니다.

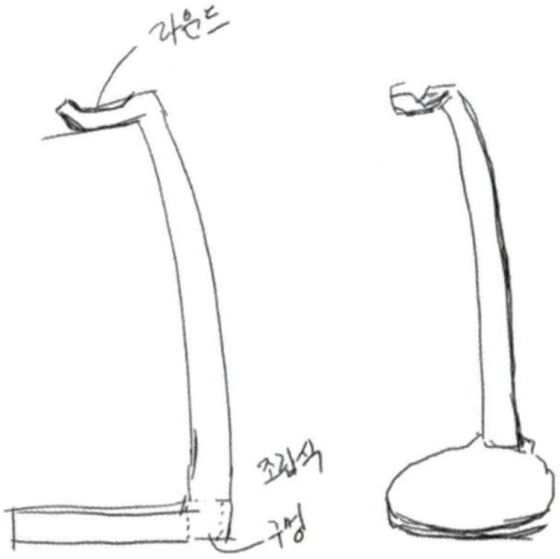

2. 스케치가 끝나면 라이노를통해 모델링을 합니다.

3. Curve tool의 poly line 과 control point curve 기능을 사용해서 옆면과 받침대의 단면을 그려줍니다. 받침대에는 거치대를 끼울수 있도록 구멍을 파내는데 출력물의 수축팽창을 고려해 거치대 바닥 부분보다 0.2mm 정도 크게 구멍을 만듭니다.

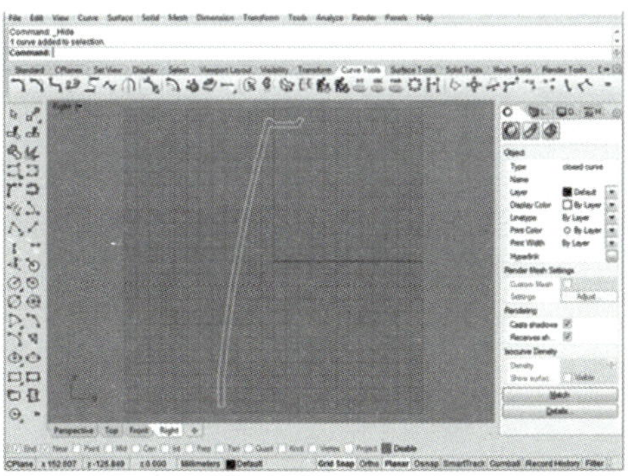

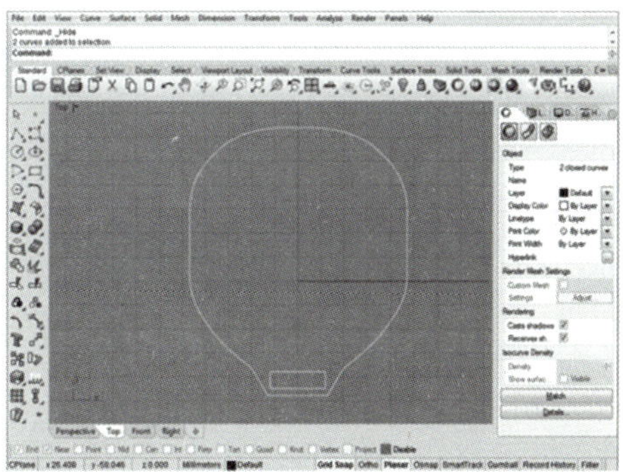

4 다음으로 surface tool 기능의 extruder strait 기능을 사용해서 각각의 커브를 입체적으로 만들어 줍니다.

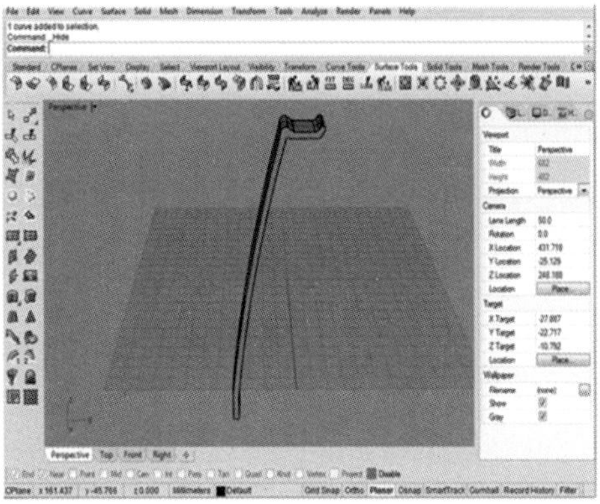

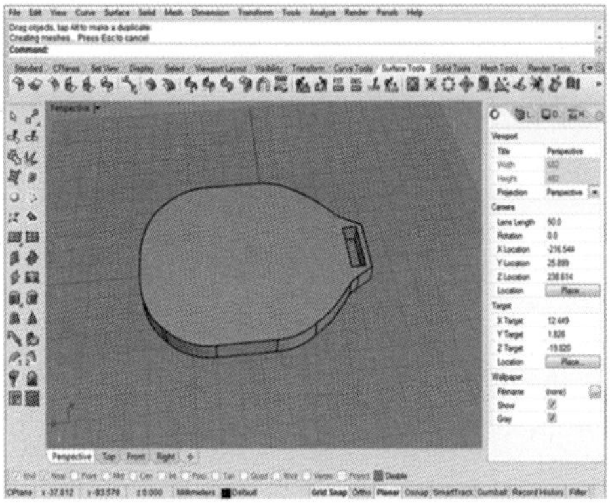

5 헤드폰 거치대의 각 부분이 만들어 지면 solid tool의 fillet 기능을 사용해서 각진 면을 라운드 처리해줍니다.

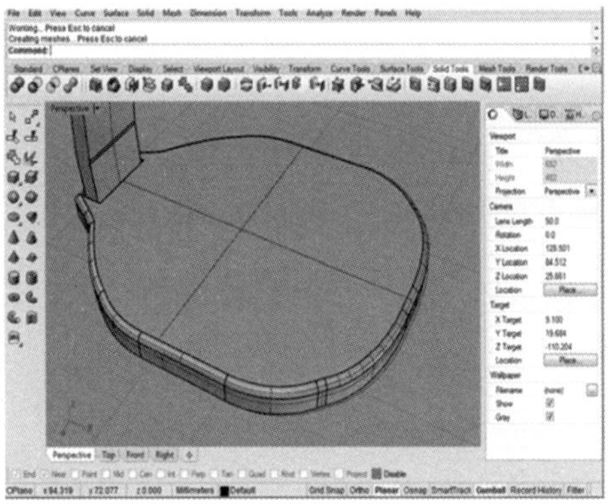

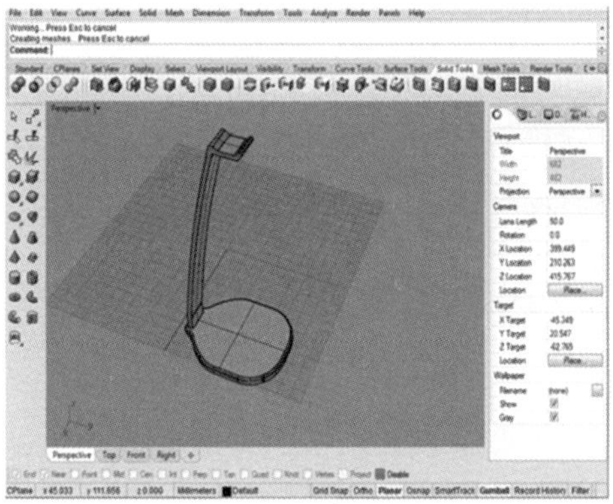

6. 거치대와 받침대를 각각 export selected 기능을 이용해서 stl 포맷으로 저장합니다. 각각의slt파일들을 cubicreator*에서 불러 옵니다.

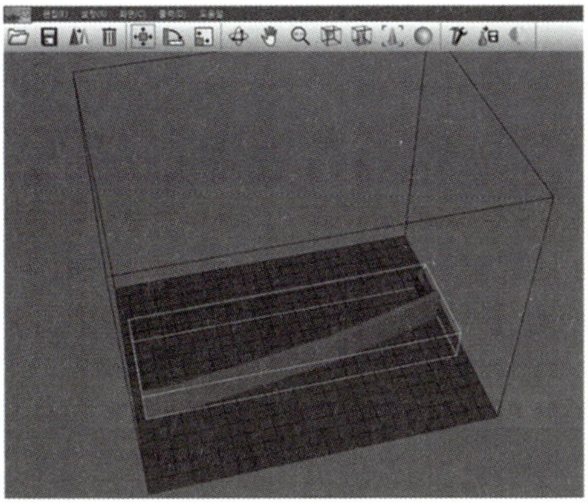

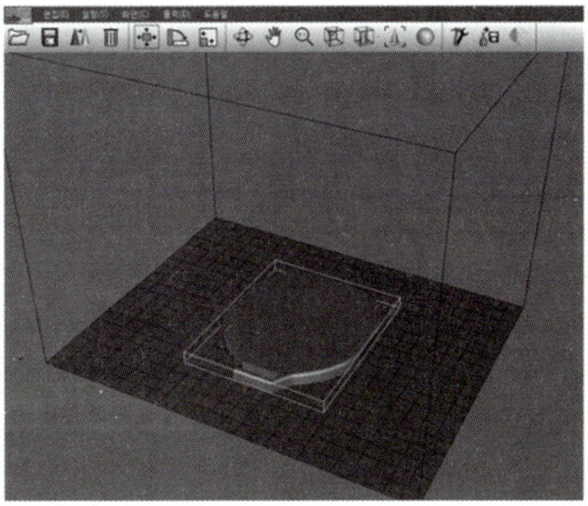

7. 거치대는 출력하기 쉽게 옆으로 눕히고 출력옵션에서 빠른 설정의 보통을 선택하고 출력을 합니다.

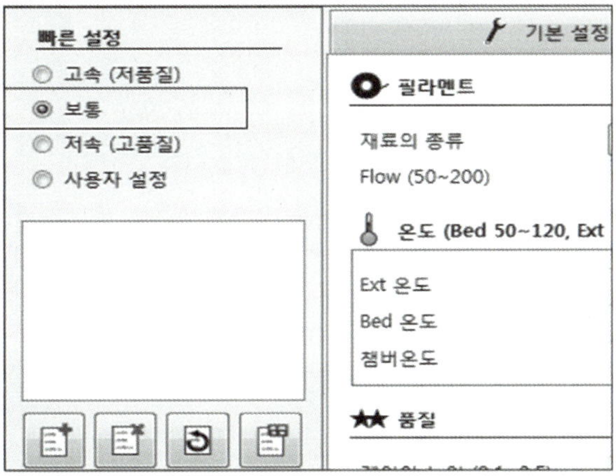

* Cubicreator v1.08 , www.3dcubicon.com의 자료실에서 다운로드가능.

8 받침대도 마찬가지고 같은 설정을 하고 출력을 합니다. 출력이 끝나면 홈에 끼워 최종 헤드폰 스탠드를 완성 시킵니다.

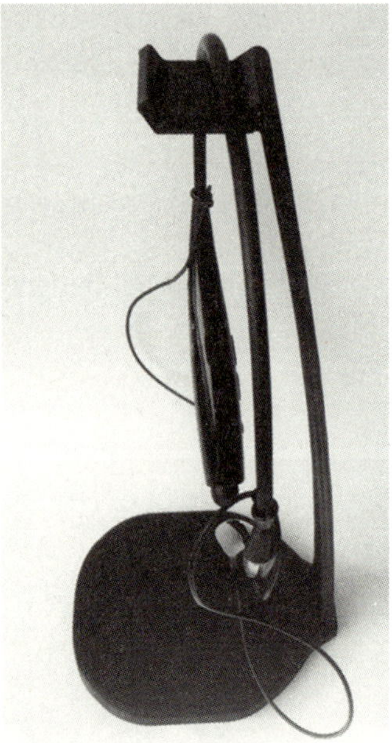

Part 4

나만의 예제 시작하기

이 책은 3D 프린터를 가지고 다양한 교육적 효과를 얻도록 할 수 있는 다양한 종류의 예제들에 대해서 제시하였습니다. 강력한 소프트웨어 소개와 함께 자세한 사용방법도 살펴보았습니다. 이제는 여러분 스스로의 예제를 만들 시점입니다. 이 책이 모든 소프트웨어에 대한 자세한 사용법을 제공하지는 않았지만, 다 이해할 때까지 기다릴 필요는 없습니다. 가장 좋은 방법은 일단 시작하고, 여러분의 학생들과 같이 배워 가면 됩니다. 교강사들도 학생의 시선에서 새로운 학습이 가능하고, 학생들은 여러분이 하는 것을 보며 새로운 방법들을 찾아가게 될 것입니다.

어디에서 실습 아이디어를 얻을 수 있을까?

눈을 크게 뜨고, 3D 프린터로 만들 수 있는 다양한 종류의 것을 살펴보기를 추천합니다. 당신의 학생들은 말도 안 되는 것들을 만들고 싶어 할 지도 모르지만, 어려운 예제를 실습하면서 모든 학생들을 "Maker" 로 성장시킬 수 있을 것입니다. 실제 프린팅 작업은 시간이 많이 소요되는 작업이지만, 3D오브젝트의 디자인은 컴퓨터상의 소프트웨어를 통해서 아주 손쉽게 이루어 질 수 있습니다. 교실에서 친구들과 함께 작업하며 주고받는 영감도 굉장히 중요합니다. 예를 들어, 한 학생이 만든 부품은 다른 친구들의 실습에 사용 될 수도 있습니다.

무엇보다도, 교강사가 학생들에게 모든 실습 아이디어를 제공할 필요는 없습니다. 중학교 혹은 고등학교 정도의 수준이면 한명 혹은 두 명의 학생들에게 3D 세상에서 새로운 가능들을 조사하도록 하고, 다른 학생들에게는 새로운 3D모형이 무엇이 있는지, Thingiverse와 같은 웹사이트를 개발하도록 가이드하면 됩니다. 그리고 한 달에 한번정도 학생들과 미팅을 통하여 가능한 예제 아이디어를 계속 업데이트 할 수 있습니다.

이 책에 기술된 대부분의 웹사이트들은 이러한 일련의 과정을 통해 만들어져있습니다. '수학' 이라고 검색 하면 수학과 관련된 아주 많은 모형과 3D 프린팅을 이용한 교육법을 찾을 수 있을 것입니다. '그리스 '로 검색하면 그리스 신전, 그리스 문자 등등에 대한 3D 프린팅 작업도 찾을 수 있습니다. 여러분이 찾은 STL 파일을 학생에게 곧바로 주는 것이 아니라, 학습하는 과정을 경험하게 함으로써 새로운 실습 아이디어를 도출할 수 있을 것입니다.

여러분은 학생들이 단순히 STL파일을 다운로드 받아서 출력하는 일들을 가급적 제한하고, 새로운 것을 만들고 디자인하는 도전을 하도록 해야 합니다. 다른 사람의 아이디어에서 창조영감을 받는 것은 중요하지만, 단순히 복사하여 출력만 하는 것은 학습에 아무런 도움이 되지 않습니다.

프로젝트 시작

학생들과 실습 프로젝트를 시작할 때 다음과 같은 프로세스를 따라해 보도록 합니다.

1. 실습 주제 선정하기
2. 어떤 소프트웨어가 해당 주제를 수행할 때 가장 알맞은지 결정하기
3. 디자인하기
4. 실습 완성하기

이 책이 다른 3D 관련 교재들과의 차별 점은 다양한 소프트웨어를 소개하고, 학생들과 교강사가 함께 과제수행을 위해 가장 적당한 소프트웨어를 결정할 수 있게 하는 것입니다.

다음은 주제별 실습가능 예제를 소개한 것입니다.

수학

- 다양한 펜로즈 쪽매맞춤(Penrose) 만들기
- 갈톤상자(Galton box)라고 알려진 Bean machine 만들기 (플라스틱 BB총알을 이용해서 만들 수 있음)
- 비율, 척도, 기하학을 시각화할 수 있는 아이템을 만들기. 작은 것을 크게 만들어 보는 것도 좋음

물리학

- 저울 만들기
- 유럽에서 사용되었던 투석기 (trebuchet)를 만들어 보기
- 음악을 위한 도구를 만들어 보기
- 간단한 기계 만들기

생명과학

- 간단한 분자모형을 만들기
- DNA구조를 출력하기
- 발, 손과 같은 몸의 일부분을 만들어 보기(X-ray 자료를 이용하면 STL파일을 쉽게 만들 수 있음)
- 의학적 용도의 3D 프린팅을 시도해 보기(재활기기등을 새롭게 만들어 낼 수 있음)

지구과학

- 공기압으로 발사할 수 있는 로켓을 만들기
- 정확한 지정학적인 정보를 가지고 있는 지구본 만들기

공학

- 증기기관 만들기
- 시계의 앵커 이스케이프먼트(anchor escapement)혹은 제네바기어를 만들기
- 시침과 분침으로 움직이는 시계를 만들어 보기
- 주변에서 볼 수 있는 생활용품의 개선을 시도하기
- 자동차와 보트를 디자인해서 더 빠르게 보낼 수 있는 방법을 고민하기
- 망가지거나 잃어버린 부품들을 만들어 대체하기 (예: 손잡이, 홀더, 스탠드, 빗장, 크랭크 등)
- 3D 프린터로 교각을 만들기

언어

- 문학책에서 나오는 장면을 입체모형(Dioramas)로 만들기

기타

- 장난감, 목걸이, 게임도구 만들기
- 인형의 집에 들어갈 만한 것 만들기
- 캐릭터 출력하기
- 집, 교실, 학교, 빌딩 모델 디자인하기

- 현재 식물 및 동물이 발견될 화석들을 미리 만들어 보기
- 미래 시대의 제품을 만들어 보기
- 기념품, 장식품 등을 만들어 보기
- 3D 프린팅 제품으로 구성된 박물관 만들어 보기
- 행운, 슬픔 등 인간의 감정을 표현 할 수 있는 형상을 만들어 보기
- 지역에서 특정 이벤트를 기억하기 위한 설치물을 만들어 보기
- 동물원, 놀이공원들을 만들어 보기

참고자료

오픈소프트웨어

소프트웨어	기능	링크
Inkscape	2D 일러스트레이션 툴	inkscape.org
Paths2OpenSCAD	Inkscape를 위한 3D 플러그인	thingiverse.com/thing:25036 링크에서 다음 파일 다운로드 'Inkscape to openSCAD converter v5'
OpenSCAD	3D 모델링툴 & 코딩	openscad.org
Meshlab	3D 파일병합	meshlab.sourceforge.net
3Dtin	3D 드로잉툴	3dtin.com
123D Design	3D 드로잉툴	123dapp.com
Meshmixer	3D 조각툴	meshmixer.com
Sculptris	3D 조각툴	pixologic.com/sculptris
KnotPlot	3D 매듭 드로잉툴	knotplot.com
Sketchup Make	3D 드로잉툴	sketchup.com
Tinkercad	3D 드로잉툴	tinkercad.com

3D 프린팅 관련 포럼

사이트명	주요내용	링크
Thingiverse	Makerbot 후원을 통한 STL파일 공유 (그러나 모든 3D 프린터에 호환 가능함)	thingiverse.com
YouMagine	3D 프린팅 온라인커뮤니티	youmagine.com
SketchUp Warehouse	3D 이미지 공유	3dwarehouse.sketchup.com
Instructables	3D 프린터와 오브젝트들을 활용한 다양한 예제 공유	instructables.com/tag/type-id/category-technology/channel-3D-Printing

3D 프린팅 외주제작 및 플레팅

사이트명	주요내용	링크
RePliKote	3D 프린팅 및 메탈코팅	repliforminc.com/RePliKote.htm
Shapeways	다양한 재료의 3D 프린팅 제공	shapeways.com
Ponoko	3D 프린팅, 레이저컷팅, 디자인거래	ponoko.com
Sculpteo	직접 모델링한 파일로 3D 프린팅이 가능하며, 거래가능.	sculpteo.com

용어해설

- ABS : Acrylonitrile Butadiene Styrene 의 약어로 많은 3D 프린터에서 사용되는 필라멘트를 만드는 플라스틱소재이다. 가격이 저렴하고, 재생이 가능하며, 강도도 높다. 하지만 열 변화에 따른 수축률이 있어 프린트 시간이 오래 걸리는 프린트물을 출력할 경우 플랫폼이 100℃ 정도로 유지하도록 해야 한다.

- Build plate : 빌드 플레이트는 3D 프린팅의 인쇄물이 놓이는 판으로 제거 및 재사용이 가능한 보조판을 이야기한다.

- CAD(캐드) : Computer Aided Design의 약어로 3D제품을 만드는 프로세스를 포괄하는 용어이다.

- CCSS : Common Core State Standard의 약어로 미국의 K-12 교육과정 중 수학과 언어학에 초점을 맞춰 구성한 핵심공통교육과정을 의미한다. 수학표준은 학생들이 수학자처럼 사고력을 확장하고 공부 수 있도록 디자인되었으며, 이 책의 대부분의 예제들들이 CCSS 표준을 다루었다.

- Extrusion : 융해된 플라스틱 필라멘트가 노즐을 통해 방사되는 과정을 뜻함. 가능한 온도는 약 250℃ 정도이며 방사시 노즐이 매우 뜨거워 진다.

- NGSS : Next Generation Science Standards 의 약어로 차세대과학교육표준의 핵심원칙을 기반으로 미국기준의 K-12 교육과정에 주요파트로 인식되고 있다. 특히 공학부분의 많은 표준을 이 책의 예제에서 다루었다.

- OBJ : 3D 모델링을 저장하는 파일형태중의 하나이며, 3D 프린터를 통해 인쇄시 Meshlab 프로그램등을 활용하여 OBJ 파일을 STL 파일로 변환하는 작업이 필요하다.

- Parametric designs : 파라메트릭 설계란 톱니바퀴나 프로펠러와 같이 몇 개의 요소들 ? 높이, 지름, 길이, 개수- 등을 변형함에 따라 형태를 조금씩 수정가능 한 모델 형태를 이야기 한다. OpenSCAP 소프트웨어를 이용하면 이러한 과정을 쉽게 할 수 있다.

- PLA : Polyactic Acid의 약어로 ABS와 같이 3D 프린터용 필라멘트로 많이 사용되고 있다. 카사바(Cassava)나무 뿌리에서 원료를 추출하며 다양한 색상이 가능하다. 매우 천천히 자연 분해되며, 수축문제가 거의 적은 것이 장점이다. 하지만 ABS 보다 강도가 약하다.

- Raft : 3D 프린팅물을 플레이트에 안정적으로 붙고, 뒤틀림을 방지하기위하여 필라멘트 등의 원료를 이용하여 몇 개의 층을 추가로 만드는 것을 의미한다. 프린팅 후에는 깨끗이 제거하면 된다.

- SCAD : 3D디자인 파일 형식 중에 하나로, 텍스트파일로 디자인의 모든요소들을 설명해 준다. 특히 파라메트릭 설계 시 유용하다.

- STL files : Standard Tessellation Language 혹은 Stereo Lithography의 약어로 3D 프린터가 인식하는 파일포맷이다.

- Support material : Raft는 3D 출력물 바닥을 형성해주는것과 달리 서포터는 3D 프린팅이 가능하도록 지지대 역할을 해주는 것을 이야기한다. 인쇄완료 후 제거작업이 필요하다.

- SVG : Scalable vector graphics의 약어로 2D 벡터그래픽을 표현하는 파일포맷이다. 이미지의 왜곡이나 손상없이 다양한 사이즈로 변형이 가능하다. Inkscape 소프트에서 사용가능한 포맷이며, 플러그인 설치를 통하여 간단한 도출기능만으로 2D 이미지를 3D 모형으로 만들 수 있다.

- Tensegrity : 텐세그리티란 Buckminster Fuller가 개발한 것으로 연속적인 장력의 망속에서 개별적인 요소들을 사용하여 만들어지는 구조의 법칙을 말한다.

찾아보기

3D 프린팅 교육의 성공방정식

The invent to learn guide to 3D printing in the classroom
Recipes for success

인 쇄 : 2015년 6월 10일 초판 1쇄
발 행 : 2015년 6월 18일 초판 1쇄

지은이 : David Thornburg, Norma Thornburg, Sara Armstrong
엮은이 : 한양대학교 기술경영전문대학원 3D프린팅 연구회

발행인 : 우명찬, 송 준
발행처 : 홍릉과학출판사

서울시 강북구 인수동 455-60
전화 : 02-999-2274~5 팩스 : 02-905-6729
http://www.hongpub.co.kr
e-mail: hongpub@hongpub.co.kr

ISBN : 979-11-5600-372-4 03560

정가 15,000원

파본이나 잘못된 책은 교환하여 드립니다.

큐비콘 싱글만의 특징

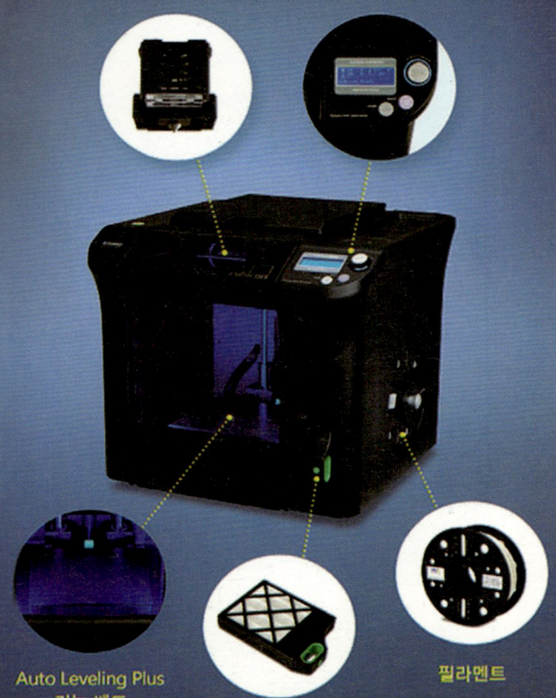

제품사양 (Specifications)

규격	
제품 크기	554 × 579 × 524 mm (W × D × H)
제품 무게	24 kg
포장 상자	640 × 630 × 610 mm (W × D × H)
포장 무게(본체 및 부속액세서리 포함)	약 33 kg
온도	
주변 동작 온도	15 ~ 35 ℃
보관 온도	0 ~ 35 ℃
전기 관련	
AC 입력	220V, 60Hz, 2.5A
전원 공급 (Power Supply)	24 V DC @ 13A
전력 소모량	~ 320W (Max)
사용 메모리 및 통신 환경	SD 카드, USB 케이블
소프트웨어	
제공 스라이싱 소프트웨어	Cubicreator
입력 3D 디자인 파일 유형	.stl, .obj
지원 운영체제	Windows XP, Windows 7 이상
프린팅	
프린트 기술	FFF - Fused Filament Fabrication
조형 크기	240 × 190 × 200 mm (W × D × H)
레이어 높이 설정	150 ~ 300 microns, minimum 100 um
조형 벽두께	Optimal : 400+um with 0.4 mm Nozzle
필라멘트 직경	1.75 mm
필라멘트 종류	ABS, PLA 필라멘트, Nylon 사용 가능
노즐 직경	기본 0.4 mm
XY 위치 정밀도	12.5 um
Z 위치 정밀도	2.5 um
노즐 최대 온도	260 ℃
히팅베드 최대 온도	120 ℃

※ 상기 규격은 대한민국 판매를 위한 표준 규격으로, 성능 개선을 위해 제품의 외관, 사양 등이 변경될 수 있습니다.
※ 옵션에 따라 일부 기능이 제한될 수 있습니다.

HVS HyVISION SYSTEM
KOSDAQ 코스닥상장법인
경기도 성남시 중원구 사기막골로 58번지
TEL : 031-735-1573 FAX : 031-735-1574
E-MAIL: cubicon@3dcubicon.com
www.3dcubicon.com

보다 자세한 내용은 QR
코드를 스캔해 보세요!

3D PRINTER
cubicon SINGLE

www.3dcubicon.com